奥島山から比良山系を望む

に入れ、そしてその権威を発現させる場所として、彼はなぜ近江を選んだのだろうか？　いや、彼が近江を選んだのではない。近江の歴史と風土が、彼の思想をつくりあげていったのである。近江に出会い、信長は、歩むべき道と、これを具現化する戦略に出会い、これを実行した。この信長の思想が結実し視覚的に現れたのが安土城である。

　この、信長の思想と戦略を解き明かす鍵はないだろうか？　その鍵は現代の近江にあるはずだ。近江における信長の行動を辿り、現代に残る「信長が見たもの」あるいは「信長を見たもの」を見つめることにより、信長とその思想を共有できるのではないだろうか。

　それでは、何を手掛かりに信長の足跡を追えばよいのだろうか。

　幸い、信長の行動を克明に録した文書が残されている。『信長公記《しんちょうこうき》』である。『信長公記』は、家臣の太田《おおた》牛一《ぎゅういち》が信長の生誕から本能寺の変に至るまでの行動を時系列的に記録したもので、信長研究の一級資料とされている。この記録にそって、現代の近江を歩き、「信長が見たもの」「信長を見たもの」のつぶやきに耳を傾けてみよう。

CONTENTS

目次

信長が見た近江
『信長公記』を歩く

本文で書体を変えて表示している文章は桑田忠親校注『新訂信長公記』（新人物往来社）からの引用である。

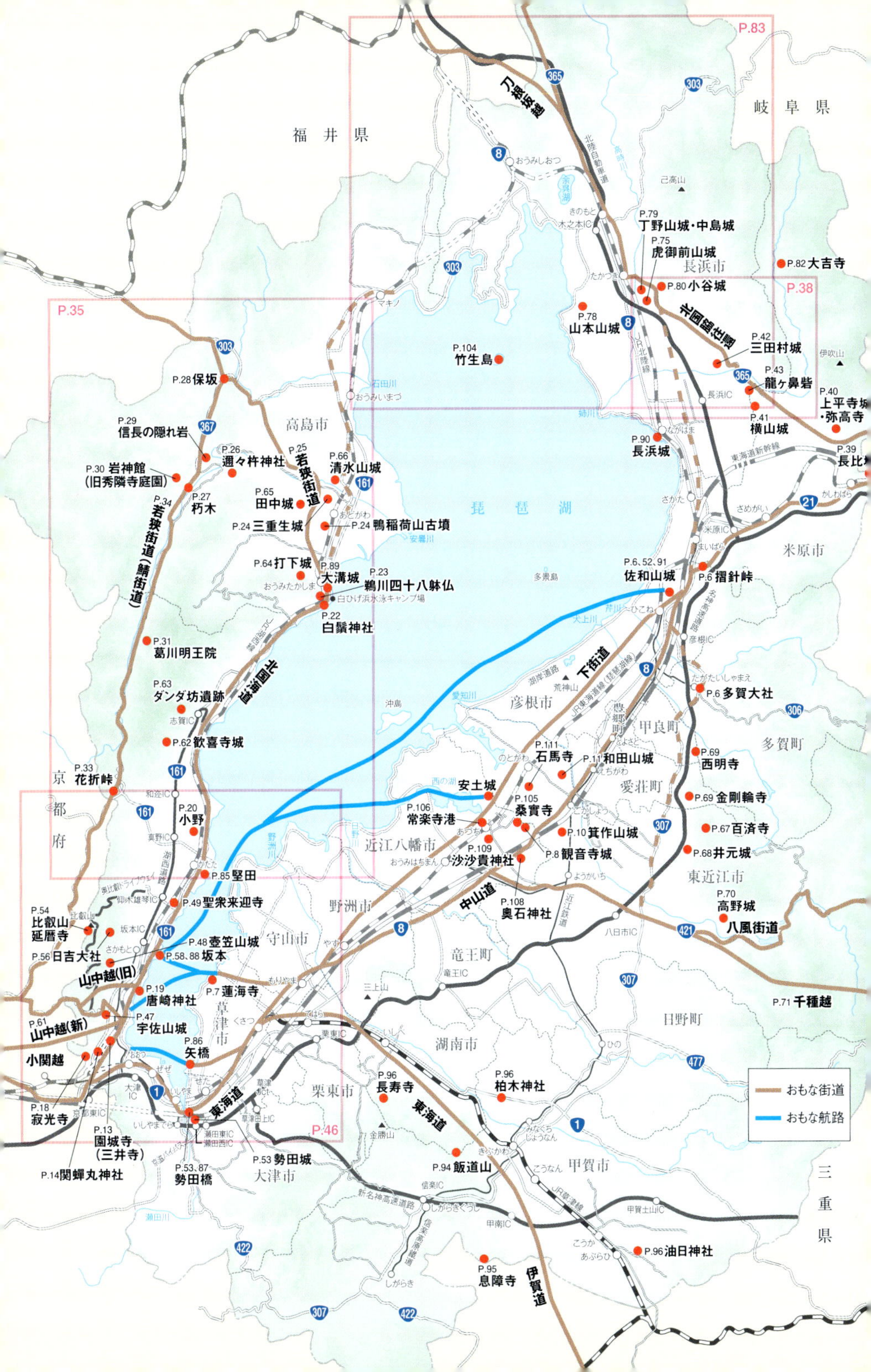

福井県
岐阜県
京都府
三重県
P.83
P.38
P.35
P.46
琵琶湖
刀根越
北国街道
北国脇往還
若狭街道
若狭街道(鯖街道)
下街道
中山道
東海道
伊賀道
八風街道
山中越(旧)
山中越(新)
小関越
P.71 千種越
P.79 丁野山城・中島城
P.75 虎御前山城
P.82 大吉寺
P.80 小谷城
P.78 山本山城
P.42 三田村城
P.43 龍ヶ鼻砦
P.40 上平寺城・弥高寺
P.41 横山城
P.39 長比城
P.104 竹生島
P.90 長浜城
P.6、52、91 佐和山城
P.6 摺針峠
P.6 多賀大社
P.69 西明寺
P.69 金剛輪寺
P.67 百済寺
P.68 井元城
P.70 高野城
P.28 保坂
P.29 信長の隠れ岩
P.26 邇々杵神社
P.30 岩神館(旧秀隣寺庭園)
P.27 朽木
P.25
P.66 清水山城
P.65 田中城
P.24 三重生城
P.24 鴨稲荷山古墳
P.64 打下城
P.89 大溝城
P.23 鵜川四十八躰仏
白ひげ浜水泳キャンプ場
P.22 白鬚神社
P.31 葛川明王院
P.63 ダンダ坊遺跡
P.62 歓喜寺城
P.33 花折峠
P.20 小野
P.85 堅田
P.49 聖衆来迎寺
P.54 比叡山延暦寺
P.56 日吉大社
P.48 壺笠山城
P.58、88 坂本
P.19 唐崎神社
P.7 蓮海寺
P.61
P.47 宇佐山城
P.86 矢橋
P.18 寂光寺
P.13 園城寺(三井寺)
P.14 関蝉丸神社
P.53、87 勢田橋
P.53 勢田城
P.11 石馬寺
P.11 和田山城
安土城
P.105 桑實寺
P.106 常楽寺港
P.109 沙沙貴神社
P.10 箕作山城
P.8 観音寺城
P.108 奥石神社
P.96 長寿寺
P.96 柏木神社
P.94 飯道山
P.95 息障寺
P.96 油日神社
長浜市
米原市
彦根市
高島市
多賀町
甲良町
豊郷町
愛荘町
東近江市
近江八幡市
野洲市
守山市
草津市
竜王町
日野町
湖南市
栗東市
甲賀市
大津市
己高山
伊吹山
荒神山
三上山
金勝山
多景島
沖島
余呉湖
西の湖
石田川
安曇川
芹川
犬上川
愛知川
日野川
野洲川
瀬田川
姉川
高時川
北陸自動車道
名神高速道路
新名神高速道路
東海道新幹線
JR北陸線
JR東海道線(琵琶湖線)
JR草津線
近江鉄道
信楽高原鐵道
湖西道路
湖岸道路
京阪バイパス
奥比叡ドライブウェイ
おうみしおつ
きのもと
木之本IC
たかつき
マキノ
おうみいまづ
あどがわ
おうみたかしま
志賀IC
和迩IC
真野IC
かたさ
仰木雄琴IC
坂本IC
さかもと
おおつ
大津IC
京都東IC
ぜぜ
いしやま
せた
いしやまでら
瀬田東IC
瀬田西IC
草津JCT
草津田上IC
草津
くさつ
もりやま
やす
栗東IC
てはら
いしべ
竜王IC
おうみはちまん
あづち
のとがわ
とよさと
えちがわ
ごかしょう
ようかいち
八日市IC
ひの
みなくち じょうなん
きぶかわ
こうなん
信楽IC
しがらきぐち
しがらき
甲南IC
こうか
あぶらひ
甲賀土山IC
ながはま
長浜IC
さかた
米原IC
まいばら
ひこね
彦根IC
たがたいしゃまえ
さめがい
かしわばら
8
161
303
365
367
306
307
421
477
422
21
1
おもな街道
おもな航路

第一章

天下に向かって走り出す

永禄11年（1568）上洛戦

多賀大社への鳥居　高宮は中山道の宿場で多賀大社門前町である。信長も戦勝祈願しただろうか

摺針峠から見た琵琶湖　山地を通ってきた中山道が初めて琵琶湖と出会う。信長も見ただろうか

信長と近江の出会いは永禄2年（1559）である。この年、信長は突然、近従衆を引き連れ、上洛する。この時、初めて信長は琵琶湖を見た。

次に信長が近江と交渉するのは永禄11年（1568）に足利義昭《あしかがよしあき》を奉じて上洛戦を敢行した時となる。上洛のためには近江の通過が不可欠である。そのために、信長は、佐和山《さわやま》まで出向き、南近江に君臨する六角承禎《ろっかくじょうてい》と虚々実々の交渉をする。

八月七日、江州佐和山へ信長御出でなされ、上意の御使に使者を相副へられ、佐々木左京太夫承禎、御入洛の路次人質を出だし、馳走候への旨、七ケ日御逗留候て、様々仰せ含めらる。御本意一途の上、天下の所司代申し付けらるべく御堅約候と雖も、許容能はず。

しかし、承禎は、先に、義昭から上洛の手助けを要請されたがそれを断った手前もあり、信長に従うわけにはいかない。ここで両者の交渉は決裂する。

是非に及ばず、此の上は、江州へ御行なさるべきの御造意頻にて……

信長は岐阜に戻り、近江侵攻の軍勢を整える。

九月七日に公方様へ御暇を申され、江州一篇に討ち果たし、御迎へを進上すべきの旨、仰せ上げられ、尾濃勢三、四ケ国の軍兵を引率し……

蓮海寺　志那の港近くに建ち、正面に比叡山を仰ぐ。最澄が植えたというハスの名所として知られた

かくて、信長は近江を突破すべく、中山道《なかせんどう》を南進する。この時、北近江を支配していたのは浅井《あざい》長《なが》政《まさ》であるが、信長の妹お市と結婚し、信長との同盟関係が成立していた。よって、長政の支配域の南限である現在の彦根市近辺までは、何の抵抗もなく進軍することができた。

同八日に江州高宮御着陣。両日御逗留なされ、人馬の息を休め、

六角承禎は、信長に徹底抗戦する構えを見せる。信長は中山道を南下してくる。中山道を封鎖し、信長を撃退する。この戦略に基づき、中山道に面する観《かん》音寺城《のんじじょう》を中心に、愛知《えち》川《がわ》の畔の和田山に和田山城を、繖山《きぬがさやま》の北端に佐生日吉城《さそうひよしじょう》を、繖山と中山道を挟んで対面する箕作山《みつくりやま》に箕作山城を築き、あるいは整備し、信長に備えた。

結果は、防御城郭網は機能せず、信長は観音寺城を落とし、

廿四日、信長守山まで御働き。翌日、志那・勢田の舟さし相ひ、御逗留。廿六日、御渡海なされ、三井寺極楽院に御陣を懸けられ、諸勢大津の馬場・松本に陣取り。

そして、28日には入洛し、一気に大坂方面の三好三人衆《みよしさんにんしゅう》に対し攻勢をかけ、排除する。そして一月あまり後の10月22日、義昭は征夷大将軍に任ぜられ、信長は、天下への足がかりを確固たるものとする。

この戦闘で、中山道を一気に南進した信長は、舟で琵琶湖を渡ろうとするが、この時、**舟さし相ひ**渡ることができなかった。天下を舞台とした戦闘のための軍勢を渡す舟が、他の用に供され調達できなかったのである。この時、信長は琵琶湖舟運の活況と、その重要性を認識させられたのではないだろうか。

繖山《きぬがさやま》と観音寺城《かんのんじじょう》

信長を迎え撃つことになった佐々木六角氏は、鎌倉時代以降近江南半国を領する武家の名家である。元は現在の東近江市小脇町《おわきちょう》に広大な館を構えていたが、15世紀後半から16世紀にかけて繖山に登り観音寺城《かんのんじじょう》を構える。信長が侵攻してくる中山道は、繖山《きぬがさやま》の眼下を通っている。信長にとって、観音寺城は近江を通過するためには、確実に排除しておかなければならない城であった。

（永禄十一年）九月十一日愛智川近辺に野陣をかけさせられ、信長懸けまはし、御覧じ、わき〳〵数ケ所の御敵城へは、御手遣もなく、佐々木父子三人楯籠られ候観音寺、並びに箕作山へ、同十二日に、かけ上させられ、佐久間右衛門、木下藤吉郎、丹羽五郎左衛門、浅井新八に仰せ付けられ、箕作山の城攻めさせられ、申の剋より夜に入り攻め落とし訖んぬ。……其の夜は信長みつくり山に御陣を居ゑさせられ、翌日、佐々木承禎が館、観音寺山へ攻め上らるべき御存分のところに、佐々木父子三人癈北致し、十三日に観音寺山乗つ取り、御上り候。これに依つて、残党降参致し候の間、人質を執り固め、元の如く立て置かれ、一国平均候へば、

『信長公記』は、観音寺城を巡る攻防をこのように記している。なんともあっけない幕切れである。

六角氏が観音寺城を築いた繖山には、現在、西国三十二番札所観《かん》音正寺《のんしょうじ》がある。当然のことながら築城以前から観音霊場はあり、この聖地を取り込むように六角氏は城を築いた。

聖地に城を構えるのは、領国を統治するための「格」を身に纏《まと》うため、神仏の権威を武家の権威として取り込む戦略で、多くの事例がある。

観音正寺の信仰の源が今も繖山に残されている。「奥の院」と呼

繖山遠望　笠を伏せたような形の山容から、繖山の名称が付いた。この山からは、近江の耕作可能な平地のほとんどを見ることができる

繖山からみた安土山　繖山から西を見ると、足下に湖を湛える安土山が見える。観音寺城を接収した際、信長もこの景観を見たに違いない

ばれる磐座《いわくら》がそれである。アニミズム的な自然信仰の上に仏教の信仰が合わさり、観音正寺が生まれ、これが六角氏の権威を支えた。

観音寺城を接収した信長は、ここに10日ほど滞在し、岐阜から義昭を迎える。この間、繖山を詳しく観察したことだろう。当然、信仰の中心となる、奥の院の磐座も見たはずである。また、山頂付近から西を遠望すれば、漫々と水を湛《たた》える琵琶湖と大中《だいなか》の湖《こ》。その向こうに聳《そび》える比叡山《ひえいざん》、大中の湖に突き出た安土山。安土山の裾を通り常楽寺港《じょうらくじこう》に向かう、多くの舟の姿を見たことだろう。この時、彼はこの土地の経済的価値と、琵琶湖に根ざした精神的な価値に気付いたのではないだろうか。結果、信長は、観音寺城を破壊することなく、**元の如く立て置く**。

観音寺城▼桑實寺を経由するコースは、JR琵琶湖線安土駅から徒歩60分／名神高速道路八日市ICから30分、山上駐車場までは有料林道を利用

観音正寺奥の院　日本人は山中の巨巌や窟に神の気配を感じ祭場としてきた。観音寺城は、この磐座を取り込んだ

伝平井丸の石垣　最も立派な石垣があり、伝本丸とともに城主ゾーンを形成していたのではないか

箕作山城
みつくりやまじょう

中山道は、繖山と箕作山《みつくりやま》が迫る狭隘《きょうあい》な谷を抜ける。信長は必ずここを通る。この道を城で封鎖することは当然の戦術である。箕作山城に登ってみる。主郭から北を見ると、伊吹山からまっすぐに新幹線の線路が延びてくる。新幹線は中山道と並行して走っている。箕作山に向かって走ってくる列車は、信長の軍勢そのものである。

目を北西に転じると、繖山の先端に佐生日吉城《さそうひよしじょう》が、その北に和田山城が見える。さらに西には御屋形様（承禎）が籠る観音寺城がある。まさに鉄壁の防御ラインである。

しかし、信長は予想外の行動をとる。**わき〳〵数ケ所の御敵城へは、御手遣もなく、**いきなり、箕作山城に襲いかかり、激闘の末、数時間でこれを落とす。この様子は観音寺城に籠る六角承禎からもよく見えたはずである。結果として承禎は、信長と正面から事を構えることを避け、甲賀郡《こうかぐん》（現在の甲賀市・湖南市）に退き、信長にゲリラ戦で対抗することになる。

箕作山城は、驚くような普請《ふしん》は見られないが、両軍の戦略を視覚的に体感できる格好の城である。

箕作山城▼近江鉄道五箇荘駅から徒歩60分／名神高速道路八日市ICから15分、徒歩40分

箕作山城から中山道を見る　中山道は箕作山城に向かって伸びている。この中山道沿いに新幹線が走る

箕作山城から見る佐生日吉城・和田山城　中山道を挟んで、佐生日吉城、和田山城が間近に見える

箕作山城から見る観音寺城　至近の距離であり、箕作山城の落城は観音寺城から手に取るように見えたはずだ

和田山城 わだやまじょう

　琵琶湖の東側の平野には、観音寺城のある繖山、箕作山城のある箕作山のような大小の独立丘陵が点々と聳《そび》え、独特の景観を形成している。和田山もその一つで、この山頂に和田山城が築城された。東麓の墓地から山道を登ると、ほどなく山頂に辿りつく。城は、丘陵上に築造された古墳を縄張りの中に取り込み造られている。規模は小さく、いかにも信長の侵攻に備えて急ごしらえで造った印象がある。しかし、北に流れる愛知川《えちがわ》を自然の堀として使おうとした、と考えるならば、自然地形全体を要害とした巧みな縄張り、と評価することもできる。ただ、信長は、

　愛智川近辺に野陣をかけさせられ、信長懸けまはし、御覧じ、

と、おそらく愛知川を挟んで和田山と対面するところに陣を置き、自らが馬を走らせ周囲の状況を観察し、その結果、和田山城を無視して、箕作山城、そして観音寺城という六角氏の中枢部に攻撃をかけた。和田山城の城兵は、唖然としたことだろう。そして、**残党降参致し候**という、結末を迎えることになる。

和田山城▼JR琵琶湖線能登川駅から徒歩60分／名神高速道路八日市ICから25分、徒歩20分

帯郭に突出させた小土塁　和田山城西側の帯郭に、土塁を突出させ、敵の横移動を防ぐ縄張りが見られる

和田山城全景　国道８号の愛知川に架かる御幸橋から見た和田山城。中山道を南進する信長は、ここから和田山城を見、そして無視する

主郭に立つ石碑　佐生日吉城は六角氏重臣・後藤氏の築城とされ「後藤但馬守城址」の石碑が立つ

中山道に向かって築かれた石垣　城全体を石垣で固めているわけではなく、中山道（信長）に見せる部分に積まれている

隅石垣　石垣の構造上、最重要部分が「隅」。「算木積」の技術が確立する前の試行錯誤的な石垣である

佐生日吉城　さそうひよしじょう

佐生日吉城《さそうひよしじょう》は、観音寺城がある繖山の北端の尾根上に造られた城で、和田山城とは至近の位置にあり、その東を中山道が通っている。この城は六角氏の重臣である後藤氏により築城されたとされている。和田山城が土塁《どるい》、堀で構成される土造りの城であるのに対して、佐生日吉城は、観音寺城と同様に、石垣を多用した石造りの城である。対信長戦以前から、観音寺城の支城として、整備が進められていたのかもしれない。

丘陵の先端を巻くように瓜生川《うりゅうがわ》が流れており、北に向かって格好の堀の役割を果たしている。しばらく尾根を登ると城に至る。前後に2ヶ所の虎口《こぐち》があるが破壊され詳細は不明である。しかし、子細に観察すると、石垣を用いた食違《くいちが》いになっているようで、観音寺城よりも進んだ構造が見てとれる。

しかし、信長に対してこの城も、和田山城と同様、**わき〳〵数ケ所の御敵城へは、御手遣もなく、**の「数ケ所の御敵城」の一つとなり、信長との戦闘を経ずに降参することになる。

佐生日吉城▼JR琵琶湖線能登川駅から徒歩50分／名神高速道路八日市ICから20分、徒歩20分

大門から見る本堂　闕所令後の復興のために甲賀の常楽寺から移築された大門。本堂は北政所の寄進

園城寺《おんじょうじ》（三井寺《みいでら》）

六角承禎が戦わず甲賀に逃げ込んだことにより、9月26日、信長は一気に琵琶湖を渡り大津に進軍し、園城寺《おんじょうじ》に陣を置く。遅れて翌、**廿七日、公方様御渡海にて、同三井寺光浄院に御陣宿する。**

信長も、義昭も琵琶湖を渡って大津に向かう。伊勢湾、木曽三川《きそさんせん》の水運によって力を蓄えた信長にとって、琵琶湖の利用は当然の選択だったのだろう。

園城寺は天台宗寺門派《じもんは》の総本山で、智証大師円珍《ちしょうだいしえんちん》の開基になる巨刹である。現代の寺観は、文禄4年（1595）に突然出された秀吉の闕所令《けっしょれい》により壊滅的な打撃を受けた後復興したもので、信長が見た伽藍《がらん》ではない。

園城寺の信仰の中心は、その別名「三井寺《みいでら》」が示すように、天智・天武・持統の三帝が産湯に使ったと伝えられる、閼伽井屋《あかいや》から湧き出る霊水であり、この水を生み出す長等山《ながらやま》への信仰である。信長は、ここに2日滞在する。この間、当然この閼伽井屋にも参ったはずである。ここで彼は、命を生み出す水に対する信仰の深さを感じ取ったであろう。

園城寺▼京阪電鉄石山坂本線三井寺駅から徒歩7分／名神高速道路大津ICから10分

護法善神堂と長等山　天台密教は日本古来の自然信仰と仏教が習合して成立した。園城寺の立地も山を意識している

閼伽井屋　本堂横に建つ堂の中から三井寺の名の由来となった湧水が、ぼこっ、ぼこっという音とともに湧き出る

逢坂越《おうさかごえ》

9月28日、信長は義昭が園城寺に着陣したことを見届けるとすぐさま信長東福寺へ御陣を移され、さらに、大坂方面に向かって進撃を開始する。

近江から京に抜ける街道は、逢《おう》坂越《さかごえ》、小関越《こぜきごえ》、山中越、途中越《とちゅうごえ》等いくつもある。この時、信長が利用したのは、目的地が東福寺（京都東山）であることを考えれば、一番南の逢坂越を通る東海道であろう。逢坂は、都に一番近い東海道の関として重要視され、逢坂関が置かれ、厳重に管理されていた。

東海道が逢坂にさしかかるところに、「犬《いぬ》塚《づか》の欅《けやき》」が立つ。蓮如《れんにょ》上人《しょうにん》に縁の伝説を持つ巨木で、樹齢は500年余りとされている。このケヤキの傍らを信長は進軍していった。ケヤキは、天下を切り開く野望に燃えた若き信長の姿をどう見つめたのだろうか。

逢坂越えに入るところに、関蝉《せきせみ》丸神社《まるじんじゃ》の上社《かみしゃ》、下社《しもしゃ》が鎮座する。祭神は、百人一首で有名な蝉丸法師である。下社には、「時雨《しぐれ》灯《とう》籠《ろう》」として有名な鎌倉時代の石灯籠が立っている。「しるもしらぬも　あふさかのせき」と口ずさみながら行く信長を、この灯籠が見つめていたことだろう。

関蝉丸神社の時雨灯籠　本殿に向かって左に立つ。様式的に鎌倉時代の作と考えられる

犬塚の欅　蓮如上人が大津滞在時、法敵に毒殺されそうになった時、その身代わりとなって死んだ忠犬を葬ったという伝説がある

犬塚の欅▼京阪電鉄京津線上栄町から徒歩2分／名神高速道路大津ICから6分

関蝉丸神社▼京阪電鉄京津線上栄町から徒歩10分／名神高速道路大津ICから5分

信長の上洛戦

永禄11年	
7月25日	義昭、信長を頼って美濃西庄に到着
8月 7日	信長、佐和山で、六角承偵に対し、近江を通過させるよう交渉。決裂
9月 7日	信長、岐阜城を出陣
9月 8日	高宮着。2日間駐留
9月11日	愛知川付近で野営。周辺を物見
9月12日	箕作山城を攻撃。夜に陥落させる。そのまま箕作山に陣。六角親子、観音寺城を退く
9月13日	観音寺城を攻撃。観音寺城、開城
9月14日	義昭への迎えの使者を出す
9月21日	義昭、上菩提院着・宿泊
9月22日	義昭、桑實寺着
9月24日	信長、守山まで進出
9月25日	志那・勢田の舟の都合がつかず、駐留
9月26日	信長、三井寺極楽院に陣
9月27日	義昭、光浄院に陣
9月28日	信長、東福寺に陣を遷す
	大坂方面に進軍
10月22日	義昭、15代将軍となる

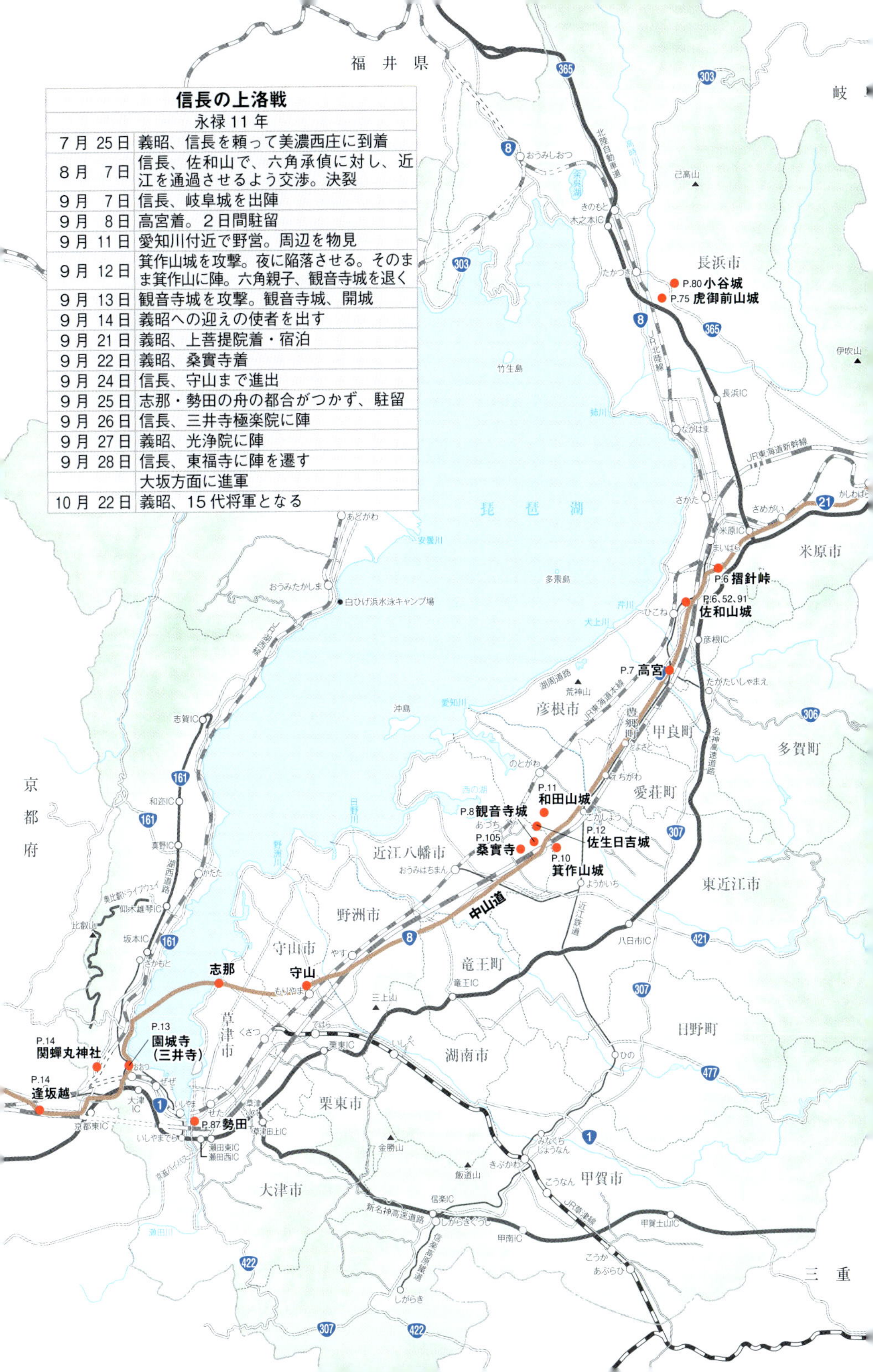

第二章

絶頂から挫折

元亀元年（1570）越前侵攻

足利義昭《あしかがよしあき》を将軍に据えると、信長は、全国の大名に対して上洛を促す。しかし、戦国大名たちが唯々諾々《いいだくだく》と信長の命に従うはずはない。そこで信長は、自分の力を誇示せんがため、まず、義昭をないがしろにした越前の守護大名朝《あさ》倉義景《くらよしかげ》を攻めるべく、京から進軍する。

　元亀元年（1570）**四月廿日、信長公京都より直ちに越前へ御進発。坂本を打ち越し、其の日、和邇に御陣取り。廿一日高島の内、田中が城に御泊り。廿二日若州熊河、松宮玄蕃が所に御陣宿。**

　小関越《こぜきごえ》を越えた信長の目には、広大な琵琶湖が映った。そして、坂本に至る。**坂本を打ち越し**と、わざわざ記しているところに信長の思いが込められている。信長の時代、大津とは坂本を指していた。ありがちな名前だが、かつては日本に大津は2ヶ所しかなかった。外国に向いた港の、現在の博多である筑紫大津《ちくしおおつ》。そして近江大津である。大津、すなわち坂本には北陸、東海の物資が都を目指して集結する。信長は、この賑わいを目の当たりにした。

　同時に、琵琶湖にまつわる神的世界の物語を耳にした。延暦寺《えんりゃくじ》にとって琵琶湖は「天台薬師《てんだいやくし》の浄土」であること。そして、これから進む白鬚神社《しらひげじんじゃ》に伝わる、近江の地主神《じしゅしん》と琵琶湖の主である薬師如来との交渉の物語を信長は知った。琵琶湖には神の世界があり、その神の力を借りて、最澄《さいちょう》は延暦寺を開いた。そして、延暦寺が、宗教的権威を背景に、坂本の港を実質的に支配していることも。信長は「聖」と「俗」の両面で近江を支配する延暦寺の力を認識すると同時に、こう思ったに違いない。「日本を支配するために坂本が欲しい」。そして「宗教的権威を背

真野の入江跡　万葉集にも登場する琵琶湖の港跡。かつては現在の湖岸より約1km奥まで湖水が広がっていた

「榎」の石標　北国海道と途中越との分岐点に立つ石標。かつてはエノキの大木があり、旅の目印となっていた。信長が見たのはそのエノキだったかもしれない

景に日本に君臨する延暦寺の戦略は使える」と。

　さらに軍を進め、信長は堅田《かたた》に至る。堅田は琵琶湖が最も狭まる地点にあり、行き交う船に対して「上乗権《うわのりけん》」を行使する湖賊《こぞく》たちが、独立的に運営するで都市ある。琵琶湖の水運を支配するには堅田は不可欠である。信長は思ったことだろう。「堅田が欲しい」と。

　和邇《わに》に1泊し、高島に向かう途中、白鬚神社を参拝し、ここで琵琶湖に棲まう薬師如来の由来をたずね、琵琶湖に神的世界があることを確認する。

　そして高島に至り、若狭《わかさ》と琵琶湖の結節点として栄える勝野津《かつのつ》を見る。そして思ったことだろう。「自分にとって、琵琶湖は不可欠だ。勝野も欲しい」と。信長の軍はここで琵琶湖を離れ、**高島の内、田中が城に御泊り。**翌日、若狭への山道に入る。

　信長にとって近江国内の進軍は、琵琶湖の持つ戦略的価値を認識させられる行軍であった。「俗」としての経済と「聖」としての権威を併せ持つことが、日本を支配するために不可欠である。信長は思ったはずだ。「琵琶湖が欲しい」と。

杉山の古道　水坂峠を越えた谷間にある小集落が杉山。かつては国境管理の番所なども置かれていた

安曇川田中の町石　街道沿いに石仏とともに立つ板碑状の町石。中世の様式であり、信長の進軍時にもこの地にあった

小関越の石標　小関越の大津側の分岐点に立つ。信長の時代にも西国巡礼者が行き来していただろう

小関越　こぜきごえ

小関越《こぜきごえ》は、三井寺《みいでら》観音堂の下から、長等山《ながらやま》の鞍部《あんぶ》を越え、藤尾《ふじお》を経て山科《やましな》に至る山越えの道である。

越前への侵攻の際、信長がどの道を使って近江に入ったのかは、『信長公記』の記事からは窺《うかが》うことはできない。しかし、古来、平安京と北陸を結ぶ街道としては、主に、小関越が使われており、信長もこの道を利用したと考えるのが自然である。寿永2年（1183）北陸で蜂起した源《みなもとの》（木曾《きそ》）義仲《よしなか》を討つため、平維盛《たいらのこれもり》を総大将とする平家の軍勢10万が通過したのも、この街道である。平家の大軍は、倶利伽羅峠《くりからとうげ》の戦いで惨敗を喫す。この史実が信長の脳裏をかすめることはなかっただろうか。

小関越は信仰の道でもある。石標には「右三井寺　小関越三条五条いまくま京道」と刻まれ、観音巡礼今熊野と、三井寺を結ぶ道でもあった。

また、小関越を藤尾に抜けたところに寂光寺《じゃっこうじ》がある。ここには、平安時代に刻まれた美しい磨崖仏《まがいぶつ》が安置されている。15体余りも刻まれた石の仏たちは、信長に襲いかかる災厄を知っていたのだろうか。

道標▼京阪電鉄石山坂本線三井寺駅から徒歩10分／名神高速道路大津ICから7分
寂光寺▼京阪電鉄京津線四宮駅からバス／西大津バイパス藤尾奥町ランプから5分

寂光寺磨崖仏　石に刻まれた磨崖仏の柔和な表情は、平安後期の特徴をよく表している

唐崎神社から見る朝日　毎朝、霊松越しに朝日が湖面を朱に染めて昇ってくる。まさに神の来臨を想起させる光景である

唐崎神社《からさきじんじゃ》

小関越を抜けると、北国海道《ほっこくかいどう》に入り、右手には南湖《なんこ》の湖面が広がる。大津宮《おおつのみや》の故地を過ぎると、湖岸に生える巨大な松が目に入る。唐崎《からさき》の松である。この松は、日吉《ひよし》大社西本宮《たいしゃにしほんぐう》に祀られる大己貴命《おおなむちのみこと》が、奈良の三輪山《みわやま》から来臨したという、由緒のある霊木だが、天正9年（1589）に倒れてしまい、現代の松は3代目と伝えられる。信長が見たのは、この初代の松ということになる。

神社は琵琶湖に突き出た半島にあり、古来、平安京を襲う災厄を流し去る、七瀬《ななせ》の祓《はら》えの聖地として、崇敬を集めてきた。琵琶湖の水が持つ浄化力が唐崎神社の本源である。霊松《れいしょう》を眺めながら信長は、琵琶湖の持つ浄化力の神聖さと強さに打たれたであろう。

目を西に転じれば、比叡山《ひえいざん》延暦寺が、その麓には唐崎神社とも縁深い日吉大社が見える。そして前方には、延暦寺・日吉大社が強大な力を発揮し、実権を握っている坂本港の繁栄も見える。信長は感じたことだろう。琵琶湖を物心両面で支配しているのは、比叡の神々だと。

唐崎の松　古来名木として名高い松で、現代のものは3代目。地を這うように枝を広げる

唐崎神社▼JR湖西線唐崎駅から徒歩10分／西大津バイパス滋賀里ランプから6分

小野の里　おののさと

信長はさらに北に向かう（坂本・堅田については、第四章「志賀《しが》の陣《じん》」で紹介する）。堅田を過ぎ、真《ま》野《の》の入江から西を見ると、中世に造られた神田神社《かんだじんじゃ》の本殿が望まれる。祭神は素盞嗚命《すさのおのみこと》で、信長が篤《あつ》く信仰する牛頭天王《ごずてんのう》と同体である。この神を遥拝《ようはい》し、さらに北進すれば、小野の里である。小野妹《おののいも》子《こ》、小野道風《おののとうふう》、小野篁《おののたかむら》、そして小野小町、日本史を彩る著名人たちの出身地が小野の里である。小野の入口の丘陵上に巨石の重なりが見られる。小野妹子の墓と伝えられる唐臼山古墳《からうすやまこふん》の石室である。古墳に見送られ、小野に入ると、信長も拝したであろう神社群に邂《かい》逅《こう》する。南から、小野道風神社、

神田神社本殿　大津市真野普門に建つ神田神社本殿である。宮池と呼ばれる灌漑用水池の畔に鎮座し、水との深い関わりを感じさせる

唐臼山古墳　琵琶湖と北国海道を見下ろす丘陵上に築造された終末期の古墳で、棺を安置した石郭が露出している

小野道風神社本殿と本殿蛙又　小野の里に３棟残る中世の本殿のうちの１棟。向拝の蛙又と彫られた霊獣

小野篁神社本殿と小野神社前の餅の置物　小野の里の中心をなす神社が小野神社で、日本の餅造りの祖神として崇められている。その傍らに建つ小野篁神社本殿は信長の時代に遡る

小野篁神社、天皇神社で、これらの本殿はいずれも中世まで遡《さかのぼ》り、信長がここを通った時には建っていた。これら三社の社殿形式は、いずれも切妻平入《きりづまひらい》り式の本殿という、全国的に見ても稀な型式である。一見すると、通常の流れ造りの本殿のように見えるが、流れ造り社殿の妻側が左右非対称となるのに対して、左右対称の形を持つ。小野一族の独自性を主張しているのかもしれない。

余談であるが、道風神社、篁神社を束ねる小野神社の祭神は、米餅搗大使主命《たがねつきのおおおみのみこと》で、日本餅造りの祖として、今も製菓業界の篤い信仰を集めている。

さて、和邇《わに》との境に鎮座するのが天皇神社である。祭神は神田神社と同様、素盞鳴命。すなわち、信長が篤く信仰する牛頭天王である。信長の牛頭天王に対する信仰は、少年時代を過ごした勝幡城《しょばたじょう》時代、近接する津島天王社《つしまてんのうしゃ》の影響により形成されたと考えられる。牛頭天王の本地仏は薬師如来であり、その浄土である琵琶湖が信長の前に広がっている。おそらく信長は天皇神社を拝し、神とのひとときを過ごしただろう。その時、神は、信長に何を語ったのだろうか。

神田神社▼JR湖西線堅田駅から徒歩30分／湖西道路真野ICから1分
唐臼山古墳▼JR湖西線小野駅から徒歩10分／湖西道路真野ICから5分
小野道風神社▼JR湖西線小野駅から徒歩20分／湖西道路真野ICから6分
小野篁神社▼JR湖西線和邇駅から徒歩20分／湖西道路真野ICから7分
天皇神社▼JR湖西線和邇駅から徒歩15分／湖西道路真野ICから8分

天皇神社本殿と神猿の装飾　牛頭天王を祀るが、本殿の装飾には神猿の金具があり、日吉大社との関係も窺われる

白鬚神社　しらひげじんじゃ

鵜川《うかわ》を越えると、比良《ひら》の山並みと琵琶湖が接する岬が見えてくる。明神崎《みょうじんざき》である。ここに鎮座するのが、航海安全の神、猿田彦命《さるたひこのみこと》を祀る白鬚神社《しらひげじんじゃ》である。湖中に建つ鳥居は、この神が琵琶湖から遥拝されることを物語っている。この湖中鳥居がいつから建っていたのかは、よくわからない。絵画作品には、陸上に建つものと、湖中に建つものの両方がある。信長が見たのはどちらの鳥居だったのだろうか。

白鬚神社には、琵琶湖の神世界を語る伝説がある。昔、釈迦《しゃか》が、仏教を広める聖地を求めて近江にやって来た。そして、比叡山と八《はち》王子山《おうじやま》を見つけ、この地を近江の地主神に無心する。この地主の神が白鬚明神で比良明神と同体の神である。白鬚明神は応える。「我は、７０００年琵琶湖に住む琵琶湖の主である。そして、日々魚釣りをして過ごしている。近江が仏教の聖地になり釣りができなくなると困るので、断る！」その時、忽然《こつぜん》と湖中より薬師如来が現れ、釈迦に告げる。「白鬚明神は７０００年琵琶湖に住んでいると言うが、わしは２万年琵琶湖に住まう、真の琵琶湖の主である。仏教を広めることは良いことだ。お前に比叡山、八王子山をやろう。わしは琵琶湖からこの国を護る」。そして、薬師如来は再び琵琶湖に帰って行ったという伝説である。

信長は、琵琶湖に近江を支配する神の世界があること、その神の元で延暦寺の繁栄があることを認識した。信長は思っただろう。「この湖とその力が欲しい」と。

白鬚神社▼ＪＲ湖西線近江高島駅から徒歩1時間／国道161号白鬚神社前

白鬚神社湖中鳥居　湖中に建つ鳥居は、白鬚神社が湖から拝する神社であることを教え、琵琶湖舟運の力を語りかける

ささやく石仏

鵜川四十八躰仏《うかわしじゅうはったいぶつ》

北国海道は白鬚神社を過ぎると、岬先端の尾根を越える。この頂上付近に琵琶湖を見下ろすように48体もの阿弥陀石仏たちが坐っていた。この石仏群は、近江半国守護の六角承禎《ろっかくじょうてい》が、高島出身の母を弔うため、観音寺城《かんのんじじょう》から見て西方浄土に当たる鵜川《うかわ》の地に阿弥陀仏を安置した、と伝えられてきたが、最近の研究では、これよりも100年ほども前からここに石仏が安置されていたとされている。いずれにしても、信長はこの石仏群の前を行軍していった。

信長は阿弥陀仏群を見て考えた。浄土琵琶湖の西岸に、阿弥陀西方浄土があるならば、東岸には、東方浄土があるはずだ。東方浄土の神とは琵琶湖に縁深い、薬師如来にほかならない。

琵琶湖を支配するには、琵琶湖の東岸に薬師浄土を演出し、ここに「俗」としての政治・経済・軍事と、「聖」としての絶対的権威を兼ね備えた象徴を築き、自分は、ここに拠って日本を支配する。

四十八躰仏《しじゅうはったいぶつ》を過ぎ、湖岸に降り立ち、東方を遠望すると、観音寺城のある繖山《きぬがさやま》に掩《おお》われるように印象深く立つ山が信長に見えた。安土山である。

鵜川四八躰仏と北国海道　48体のうち15体の石仏は、信長の焼き討ちから比叡山を復興させる際に、天海僧正により坂本慈眼堂に運ばれた

若狭街道に入る三尾から田中

　今回の越前侵攻は、特段、朝倉義影に非があるわけではない。「若狭の武藤氏が反抗的だから是を打つ」を名目として軍を起こした以上、一応、若狭を目指さなければならない。勝野から、若狭方面に進路をとり、継体大王《けいたいだいおう》の故地である田中の城で軍を休める。田中城の天主（天守）に登ると、琵琶湖が一望の下に見渡せる。むろん安土山も見える。信長は考えた。越前を落とせば、この琵琶湖は事実上我が手に入る。遠からず、岐阜から湖水の畔に本拠を移し、日本に君臨する。この考えは実現する。しかし、信長のもくろみとは裏腹に、琵琶湖を得るための血みどろの戦いが彼を待ち受けていることに、気付く由《よし》もなかった。この田中城にしても、わずか3年後に自ら攻めることになるのだが。

　さて、安曇川《あどがわ》の右岸には、信長の行軍を見つめた者たちが、今も数多く伝えられている。鴨稲荷山《かもいなりやま》古墳。鶴の塔と呼ばれる巨大な宝塔。玉泉寺の石仏たち、田中神社の石造物群、田中大塚古墳、三尾《みお》の三重生城《みおじょう》、三重生神社宝塔等々。彼らに問いかければ、颯爽《さっそう》とこの地を駆けて行った信長の姿を語ってくれるかもしれない。

鴨稲荷山古墳▼JR湖西線近江高島駅から徒歩40分／国道161号音羽

鶴塚▼JR湖西線安曇川駅から徒歩20分／国道161号安曇川駅口から2分

田中神社▼JR湖西線安曇川駅から徒歩30分／国道161号安曇川駅口から5分

三重生城▼JR湖西線安曇川駅から徒歩40分／国道161号安曇川駅口から6分

鴨稲荷山古墳　北国海道の上手、鴨川右岸にある後期古墳。高島から出た継体大王の関係者の墓とされる

鶴塚　文化財名は満願寺跡宝塔だが、地元では鶴塚と呼ばれる。県内屈指の大型の宝塔で、鎌倉中期の作

田中神社石塔群　宿泊場所の田中城と若狭街道の分岐を見下ろす丘に鎮座。祭神は継体大王の父、彦主王

三重生城　方形土塁囲いの典型的な中世城郭。川副氏の居城。信長の進軍時は廃されていた可能性もある

若狭街道《わかさかいどう》

若狭街道は、安曇川を渡河《とか》し饗《あい》庭野《ばの》丘陵《きゅうりょう》を横切り石田川右岸に至り、保坂《ほさか》を越え、水坂峠《みずさかとうげ》を経て若狭に至る。

三重生城を通過すると、信長の軍の正面に木戸《きど》の城が立ちふさがる。高島を支配する、高島七頭《たかしましちかしら》と呼ばれる武家たちの筆頭の越中氏の居城である。おそらく、信長軍を出迎え、礼を尽くし、見送ったことだろう。しかし、越中氏も、田中氏も、この時点で、わずか9日後に信長を追撃する立場になるとは、夢にも思わなかったに違いない。

上古賀一本杉　旧若狭街道の横に立つ杉の巨樹。根本には祠があり、巨木信仰の姿を留める

街道が饗庭野丘陵を登ろうとするその変曲点に「上古賀の一本杉」と呼ばれる杉の巨木が立っている。樹齢はおおよそ600年とされている。時代は合わないが弘法大師にまつわる伝承もある。この杉の姿は、手足を大きく前に広げた人間のようにも見え、ちょうどその股に当たるところに、小さな祠が祀られている。自然の神気配を濃厚に感じさせる霊木である。信長はこの横を通った。耳を澄ませば、200歳の若木だった頃の思い出を語り始めそうな気がする。

生見廃村　若狭街道は自衛隊の演習地を抜けると、生見の廃村に出、ここで石田川を渡り、川沿いに近江・若狭の国境に向かう

古賀の一本杉▼JR湖西線安曇川駅からバス上古賀下車、徒歩30分／高島市新旭町上古賀熊野神社前から林道10分

金ヶ崎の退口 かながさきののきぐち

さて、越前に侵攻する時点の高島郡（現高島市）は、浅井《あざい》長政《ながまさ》の支配域である。しかし、長政は信長と同盟しているから、信長は高島郡を何の障害もなしに通過することができた。

越前に向かって攻め上がる信長の前に、敦賀の手筒山城《てづつやまじょう》は落城。これを見た金ヶ崎城《かながさきじょう》、疋田城《ひきたじょう》は戦わずに開城。まさに、信長軍が越前に攻め込まんとするその時、同盟者であったはずの長政が反旗《はんき》を翻《ひるがえ》す。

廿五日……江北浅井備前、手の反覆の由、追々、其の注進候。然れども、浅井は歴然御縁者たるの上、剰へ、江北一円に仰せ付けらるるの間、不足あるべからずの条、虚説たるべしと、おぼしめし候ところ、方々より事実の注進候。是非に及ばずの由にて、金ヶ崎の城には、木下藤吉郎残しをかせられ、四月晦日、朽木越えをさせられ、朽木信濃守馳走申し、京都に至つて御人数打ち納められ……

まさに、青天の霹靂《へきれき》。絶頂の信長は奈落の底に落とされてしまう。踏みとどまっても勝ち目はない。退却の決断を下した信長であったが、数日前に進軍してきた道は、長政が押さえている。窮《きゅう》した信長

保坂の若狭街道の痕跡　水坂峠から保坂に下る街道の痕跡。驚くほど狭い道である。この道を信長は必死に退却した

保坂弁才天前の笏谷石の灯籠　笏谷石は越前特産の石材。近江では、日本海に近い地域にその遺品が多くみられる

邇々杵神社多宝塔　朽木宮前坊に鎮座。信長の時代からは下るが瀟洒な多宝塔が残され、朽木の経済力を今に伝える

朽木盆　朽木は木材資源に恵まれ、木地師も活躍していた。菊花文の朽木盆は、都にも広く流通していた（高島市教育委員会提供）

は、朽木谷《くつきだに》を領する朽木元綱《くつきもとつな》を頼る。元綱は、長政の配下にあったが、信長を無事通過させる。

なぜ長政は信長に反旗を翻したのか？　その理由は、琵琶湖航路の積み出し港である朝妻《あさづま》、塩津《しおつ》、大浦《おおうら》、海津《かいづ》、今津《いまづ》、勝野《かつの》をすべて長政が領していたことにある。いずれ、信長はこの港に目を付ける。その時、自分は信長に排除されるだろう。今、信長は自分に背を向けている。このまま越前に攻め込み、朝倉を倒してしまってからでは遅い。朝倉が十分な軍勢を持っている間に挟撃《きょうげき》すれば、信長を倒せる。そう思い、決断したのではないだろうか。しかし、長政にも誤算があった。朽木元綱の行動である。元綱は自分の配下のつもりでいた。しかし、朽木氏は、朽木谷の山林資源と物流により、小とはいえ、独立的力を蓄えた武家であり、軍事で将軍家に仕え、さらに将軍をかくまうほどの力を持っている。

池の沢庭園　平安時代末から鎌倉時代にかけての園。都と直結した朽木谷の文化の高さと深さを物語

元綱も考えた。今、自分を頼ってきた信長は、将軍に仕えているスタイルはとっているが、いずれ天下を狙うだろう。朽木は足利将軍を支えてきた家だから、今、信長を救うことには名目が立つ。なぜなら、将軍を助けるのと同じことだから。信長を救うことが、今後、朽木を利することになる。もし、このことが原因で、長政と事を構えることがあっても、朽木谷の要害《ようがい》が護ってくれる、と。

保坂《ほうさか》

信長は、何としてでも京に帰らなければならない。京に抜ける道は複数ある。塩津街道は、浅井の領国の真ん中を通らなければならない。七里半越《しちりはんごえ》は、浅井を支える海津衆の勢力圏に入る。九里半越《くりはんごえ》も、浅井の勢力圏に入る。小浜から京に入る道は、信長に反抗的な武田・武藤の勢力下にある。残された選択肢は、若狭街道で近江に入り、途中で朽木街道に入り、朽木谷を京に向かうルートしかない。しかし、朽木谷を領しているのは、浅井に臣従している朽木氏である。京に戻るには、朽木氏を説得するしかない。

　このような戦略を巡らせながら、信長は近江若狭の国境を越え、保《ほう》坂《さか》に至る。このまま西に向かうのが数日前に行軍してきた道だが、通れない。信長には、進路を南に取り朽木谷に向かう道しか残されていなかった。

四月晦日、朽木越えをさせられ、

　保坂には「右　京道」「左　志ゆんれいみち（巡礼道）」と刻まれた道標が立っている。巡礼道とは、西国二十九番札所「松尾寺」から三十番「竹生島宝厳寺《ちくぶしまほうごんじ》」に向かう道を示している。このように、保坂は、若狭から近江に抜ける道と京に抜ける道の分岐点であり、逆から見れば、近江と北陸の接点の町である。町の外れに鎮座する、弁財天社、金比羅社には、越前特産の笏谷石《しゃくだにいし》で造られた灯籠が立ち、両者の交流の深さを物語っている。

保坂▼JR今津駅からバス保坂下車／国道303号保坂

保坂若狭街道石標　信長はここから進軍してきたが、同じ道は退却できない。進路は右の朽木谷への道しかなかった

保坂金比羅宮天狗岩　水坂峠を越え保坂に向かう途中にある神社と磐座。数日前、信長は意気揚々とここを通過したのだが

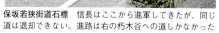

信長の隠れ岩　北川左岸の斜面に巨大な磐が重なり合うように屹立。磐と磐の間が洞穴になっており、ここに信長が隠れたと伝えられる

信長の隠れ岩　のぶながのかくれいわ

信長は、保坂から朽木街道に入り、松永久秀《まつながひさひで》を使わし、朽木元綱と、朽木谷を通過するための交渉を行ったとされている。元綱の返答いかんによっては、わずかな手勢で、足利将軍親衛隊を務める精鋭と一戦交えなければならなくなる。おそらく信長の胸の内には不安が渦巻いていたことだろう。このような信長の心境を反映させたところがある。朽木街道が安曇川《あどがわ》の支流である北川に接するところの左岸斜面を登ると、山道に覆い被さるように大岩盤《だいがんばん》が聳《そび》えている。そして、その下に洞穴が口を開けている。この磐《いわ》が「信長の隠れ岩」である。伝説では、久秀が元綱と交渉を行っている間、信長はこの岩窟《がんくつ》に身を潜め、事の推移を窺っていたという。そのような言い伝えが、現実味を帯びて感じられるところである。

通常、この磐のような巨巌《きょがん》には神仏が祀られることが多いのだが、そのような気配がない。あるのは信長の伝説だけである。小谷城の中腹にある物部守家《もののべのもりや》の隠れ岩が聖地として祀られているのと好対照である。あるいは、信長を匿《かくま》ったという伝承が、ここに在地の神を祀ることを拒否させたのだろうか。あるいは逆に、神仏の祀られぬ磐座であるが故に、信長伝説が付与されたのだろうか。

信長の隠れ岩▼JR湖西線安曇川駅からバス朽木支所前下車、徒歩20分／国道367号と県道23号の交差点

岩神館
いわがみやかた

旧秀隣寺庭園（足利庭園）　岩神館に付随する庭園。足利将軍の権威を示す儀礼の場の舞台装置として造られた

　朽木元綱にとって、浅井長政に付くか、信長に付くかは、朽木家の将来を左右する厳しい決断だったはずである。おそらく、元綱は、朽木谷の経済力と軍事力を背景に、より独立的な領国運営を目指し、その擁護者《ようごしゃ》としての可能性を信長に見いだしたのではないだろうか。この将来を見通す判断力は、以後の秀吉への臣従、そして関ヶ原合戦における東軍への寝返りという行動に表れる。

　さて、信長は元綱のもてなしを受けたであろうが、その場所がどこか明確にはわからない。候補としては、北川と安曇川の合流点にある朽木城と、市場の上手の河岸《かがん》段丘《だんきゅう》上にある岩神館《いわがみやかた》が考えられる。元綱の居城である朽木城に信長を招くことが自然であるが、あえて、岩神館に招いたと考えたい。岩神館は、朽木家の分家の館であったが、足利義澄《よしずみ》・義晴《よしはる》・義輝《よしてる》の3人の将軍が身を寄せる館として整備された城である。館には、将軍を中心とした儀礼の装置としての庭園が残されている。武家庭園の傑作、旧秀隣寺庭園《きゅうしゅうりんじていえん》（足利庭園）である。将軍を迎えた格式の高い館にこれから臣従する信長を迎える。朽木氏の思いを忖度《そんたく》すれば、信長は岩神館に迎えられたと考えるのがふさわしい。京帰還への道が開けた信長の目に、庭園はどのように映ったであろうか。

岩神館▼京都三条からバス上岩瀬下車／国道367号岩瀬

岩神館堀と土塁　岩神館の跡は興聖寺境内に重なり改変されているが、山裾には巨大な土塁と深い堀が黄線のように刻まれている

葛川地主神社　その名のとおり、本来は地主のシコブチ神を祀っていたが、いつしか境内の片隅に追いやられた

葛川明王院　かつらがわみょうおういん

朽木元綱の助力により虎口《ここう》を脱した信長は、安曇川を遡り京に向かう。やがて、明王谷《みょうおうだに》の清流が目に入り、左手に華麗な神社と荘厳な寺院が見える。葛川地主神《かつらがわじしゅじん》社《じゃ》と明王院である。

葛川明王院は、比叡山回峰行《かいほうぎょう》の祖として崇められる相応和尚《そうおうかしょう》が開いた不動明王の聖地であり、信長の時代には多くの参籠者《さんろうしゃ》で賑わっていた。

明王院の由緒は次のように語られる。相応和尚が生身の不動明王に見《まみ》えんと比良山中を彷徨《さまよ》っていた時、シコブチなる神が使いを使わし明王谷を遡ったところに懸《か》かる三の滝という霊瀑《れいばく》に案内をする。ここで7日間の不眠不休の修行をした相応の目に、滝壺から生身の不動明王が出現するのが見えた。喜んだ相応は不動明王に抱きつくが、それは桂の古木に変じてしまった。この古木に今見た不動明王を刻み、明王院と、延暦寺、伊崎寺《いさきじ》に納めたという。

相応を三の滝に案内したシコブチ神が地主神社に祀られているはずだが、今は本殿を追われ、境内の片隅に追いやられてしまっている。シコブチ神が相応を三の滝に案内したということは、裏を返せば、比良《ひら》の神がこの山を延暦寺に献じたことを象徴している。

琵琶湖の源流にまで、延暦寺の力が及んでいることを目の当たりにし、信長はどのように思ったことだろう。「恐るべし延暦寺。真に琵琶湖を手に入れるためには、近江の山々も手に入れなくてはならないのか」

葛川地主神社・明王院▼京都三条からバス坊村下車／国道367号坊村

葛川明王院　相応が感得した不動明王を祀る寺院であるが、本尊は水との関わりの深い、千手十一面観音である

シコブチ神

シコブチ神は、安曇川の流域だけにいる神で、かつて盛んであった筏《いかだ》流しに従事する筏乗りの守り神として信仰されている。

それにしても、不思議な響きのある名前である。「シコ」「フチ」、フチは川の渕であろう、では、シコは何を意味するのか？ さまざまな説があるが、相撲の四股《しこ》との関わりを指摘しておきたい。四股とは大地を踏みしめることにより、地の霊を鎮める神事に由来する。よって、シコとは大地の霊を表すと考えられる。そして、筏乗りという、山林を開発する者の守護神であるということは、在来の自然神ではなく、はるか昔にこの地に分け入り、山を支配する自然の神の許しを得て、原始の森に初めて斧を入れた開発の先祖神がその正体と考えられる。自然を使い、人に利することにより、地主の神にまで昇華した。地に付く神が人を統《す》べている姿が安曇川にはあった。「自然・神・人・統治」この関係を信長は、日本を統治する戦略に活かそうと思い始めたのだろう。

坂下思子渕大明神▼京都三条からバス下坂下下車／国道367号坂下

仲平山神社▼京都三条からバス平下車／国道367号仲平

坂下思子渕大明神　安曇川流域では七シコブチと呼ばれるほど同神を多く祀る。琵琶湖の源、山の水を司る神である

仲平山神社・安曇川　シコブチ神は筏乗りの守り神と伝わる。山に最初に分け入った祖先のイメージが重なる

花折峠《はなおれとうげ》と途中《とちゅう》

安曇川を遡るように信長の一行が進む。おそらく、朽木元綱の手勢も信長に付き従ったことであろう。現在の大津市葛川坂下町（仲平）を過ぎたところから、街道は安曇川を離れ、峠にさしかかる。花折峠《はなおれとうげ》である。峠の名前は、比叡山の回峰《かいほう》行者《ぎょうじゃ》が、葛川明王院で修される「夏安吾《げあんご》」に向かう際、不動明王に手向《たむ》ける花（シキミ）を折りとったことに由来する。この峠は、古くは、明王院が支配する聖地と俗界との境目として意識されていた。信長も、朽木谷を自分の命を救った聖なる空間として意識したかもしれない。「琵琶湖の源流の力に救われた」と。

行者たちは峠から比叡山を遥拝《ようはい》し、俗界に別れを告げ、神の空間に赴くが、信長は、行者と逆のコースを辿り俗界に戻ろうとしている。山頂に立つと比叡の山並みが望まれる。あの山の麓が京である。

峠を越え途中《とちゅう》に入ると、明王堂に向かう行者が休息する勝華寺がある。信長も境内にある巨大な水盤から水を汲み、汗をぬぐい、安堵のため息を吐いたことだろう。無事帰れた。次は長政攻めだ。

花折峠▼京都三条からバス花折峠口下車、徒歩20分／国道367号花折峠口から徒歩20分

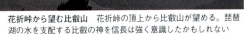

花折峠から望む比叡山　花折峠の頂上から比叡山が望める。琵琶湖の水を支配する比叡の神を信長は強く意識したかもしれない

勝華寺水盤　比叡山回峰行とも深く関わる勝華寺には、行者が花を活ける巨大な水盤が残る

花折峠　現在の峠越の道は、稜線よりも西を通る。かつては稜線を通り、東に琵琶湖を遠望できたという

鯖街道　さばかいどう

信長が、京に逃げ帰った道は、鯖街道《さばかいどう》と呼ばれ、御食国《みけつくに》若狭の海産物を京に運ぶ道として知られている。信長は、京に戻ると直ちに若狭を押さえるための手を打つ。

是れより、明智十兵衛、丹羽五郎左衛門両人、若州へ差し遣はされ、武藤上野人質執り候て参るべきの旨、御諚候。則ち、武藤上野守母儀を人質として召し置き、其の上、武藤構へ破却させ、五月六日、はりはた越えにて罷り上り、右の様子言上候。

明智光秀らを若狭に派遣し、信長に抵抗する武藤氏から人質を取り、城を破壊させたのだ。任務を終え帰還する光秀らがとった道が**はりはた越えにて**と表現されている。おそらく、根来峠《ねごりとうげ》を越えて、安曇川の支流、針畑川《はりはたがわ》に入る道と考えられる。実は、この道も鯖街道である。鯖街道とは、一本の道を指す固有名詞ではなく、若狭と京を結ぶ街道を総称した名前であり、荷の多さ、運ぶ荷物の鮮度などにより、使い分けられていた。光秀は、若狭と京を結ぶ最短ルートをとった。信長を取り巻く緊迫した状況が伝わる。

針畑▼県道783号桑原

早春の針畑　若狭と京を結ぶ街道の総称が「鯖街道」。根来坂峠を越えて、針畑川に降りる道も、広く利用された

鯖ずし　京都の食文化を代表するものに鯖ずしがある。朽木には鮒ずしのように塩鯖を発酵させた鯖ずしも伝わる

越前侵攻戦・金ヶ崎の退口

元亀元年（1570）	
4 月 20 日	信長、京都から越前に向かって進軍。和邇に泊
4 月 21 日	田中の城に泊
4 月 22 日	熊川宿に泊
4 月 23 日	佐柿の栗屋勝久の城に泊・翌日同所に駐留
4 月 25 日	手筒山城を攻撃。落城させる
4 月 26 日	金ヶ崎の城を攻撃するが、戦わず開城。疋田城も開城。浅井長政謀反
4 月 30 日	信長、朽木元綱の助けを得て、朽木越で京都に帰る

第三章

姉川の合戦

長政との戦い

元亀元年（1570）4月30日、信長はやっと京に帰陣することができた。しかし、浅井長政《あざいながまさ》の反旗を受けて、近江の情勢は不穏を極める。守山方面では**既に一揆蜂起せしめ、へそ村に煙を挙げ、守山の町南の口より焼き入りしこと、**と、一揆勢が蜂起したが、これを駆逐し、5月9日岐阜へ戻るため京を出る。この間千草越《ちくさごえ》で杉谷善《すぎたにぜん》住坊《じゅうぼう》から狙撃されるなど、危機的状況を切り抜けながら、5月21日にやっと岐阜城に帰城することができた。

信長の窮地を見て近江勢は息を吹き返す。甲賀《こうか》に逃げた六角承《ろっかくじょう》禎《てい》は、**六月四日、佐々木承禎父子、江州南郡所々に一揆を催し、野洲川表へ人数を出だし、柴田修理・佐久間右衛門懸け向かひ、やす川にて足軽に引き付け、落窪の郷にて取合ひ、一戦に及び……**これを何とか駆逐する。

自分をこのような状況に追い込んだのは浅井長政である。ここで長政を倒さなければ、せっかく手に入れかけた天下が逃げていく。信長は長政を倒すべく兵を整える。長政も信長を迎え撃つべく要所に城を構える。

さる程に、浅井備前、越前衆を呼び越し、たけくらべ・かりやす、両所に要害を構へ候。信長公御調略を以て、堀・樋口御忠節仕るべき旨御請なり。

六月一九日、信長公御馬を出だされ、堀・樋口謀反の由承り、たけくらべ・かりやす、取る物も取り敢へず退散なり。たけくらべに一両日御逗留なさる。

六月廿一日、浅井居城小谷へ取り寄り、……雲雀山へ取り上り、町を焼き払ふ。信長公は、諸勢を召し列れられ、虎御前山に御上りなされ、一夜御陣を据ゑさせられ……小谷城《おだにじょう》を攻めるが、攻めき

龍ヶ鼻砦から望む姉川古戦場　信長の本陣があった龍ヶ鼻からは、条件さえ良ければ小谷城方面まで一望の下に見渡すことができる

れずいったん撤退する。
6月22日に、其の日は、やたかの下に野陣を懸けさせられ、横山城に対し廿四日に四方より取り詰め、信長公は、たつがはなに御陣取り。家康公も御出陣候て、同じ龍が鼻に御陣取り。

これを見て、小谷城から浅井・朝倉連合軍が出陣する。然るところ、朝倉孫三郎、後巻として八千ばかりにて罷り立つ。大谷の東、をより山と申し候て、東西へ長き山あり。彼の山に陣取るなり。同浅井備前人数五千ばかり相加はり、都合一万三千の人数。27日の早朝に陣払いをし、退却したように見えたが、28日未明に30町ばかりも進出し、軍勢を野村と三田村に分け攻めかかってきた。姉川を前にあて、野村の郷・三田村両郷へ移り、二手の備へ候。西は三田村口、一番合戦、家康公むかはせられ、東は野村の郷、そなへの手へ信長御馬廻、又、東は美濃三人衆諸手一度に諸合す。ついに両軍は激突する。

六月廿八日、卯の刻、丑寅へむかって御一戦に及ばる。……。信長・家康軍は、浅井・朝倉軍を小谷城まで押し込むが、攻めきれず、反転し横山城を攻める。大谷まで五十町追ひ討ち、麓を御放火。然りと雖も、大谷は高山節所の地に候間、一旦に攻め上り候事なり難くおぼしめされ、横山へ御人数打ち返し、勿論、横山の城降参致し、退出し、木下藤吉郎、定番として横山に入れおかる。

なぜ、信長は長政と戦わなければならなかったのか？　反逆に対する仕返しは当然ある。しかし、冷静に情勢を分析すれば、浅井は琵琶湖の要港を支配し力を付けつつある。この力を削ぐとともに、替わって琵琶湖航路の支配者になる。このことが長政を討たなければならない、最大の理由だったのではないだろうか。

岡山の杉の巨木　家康が陣を置いた岡山に立つ杉の巨木で、樹冠が広いのは、両軍の矢が飛び交い、枝を折ったためと伝えられる。合戦の証人かも知れない

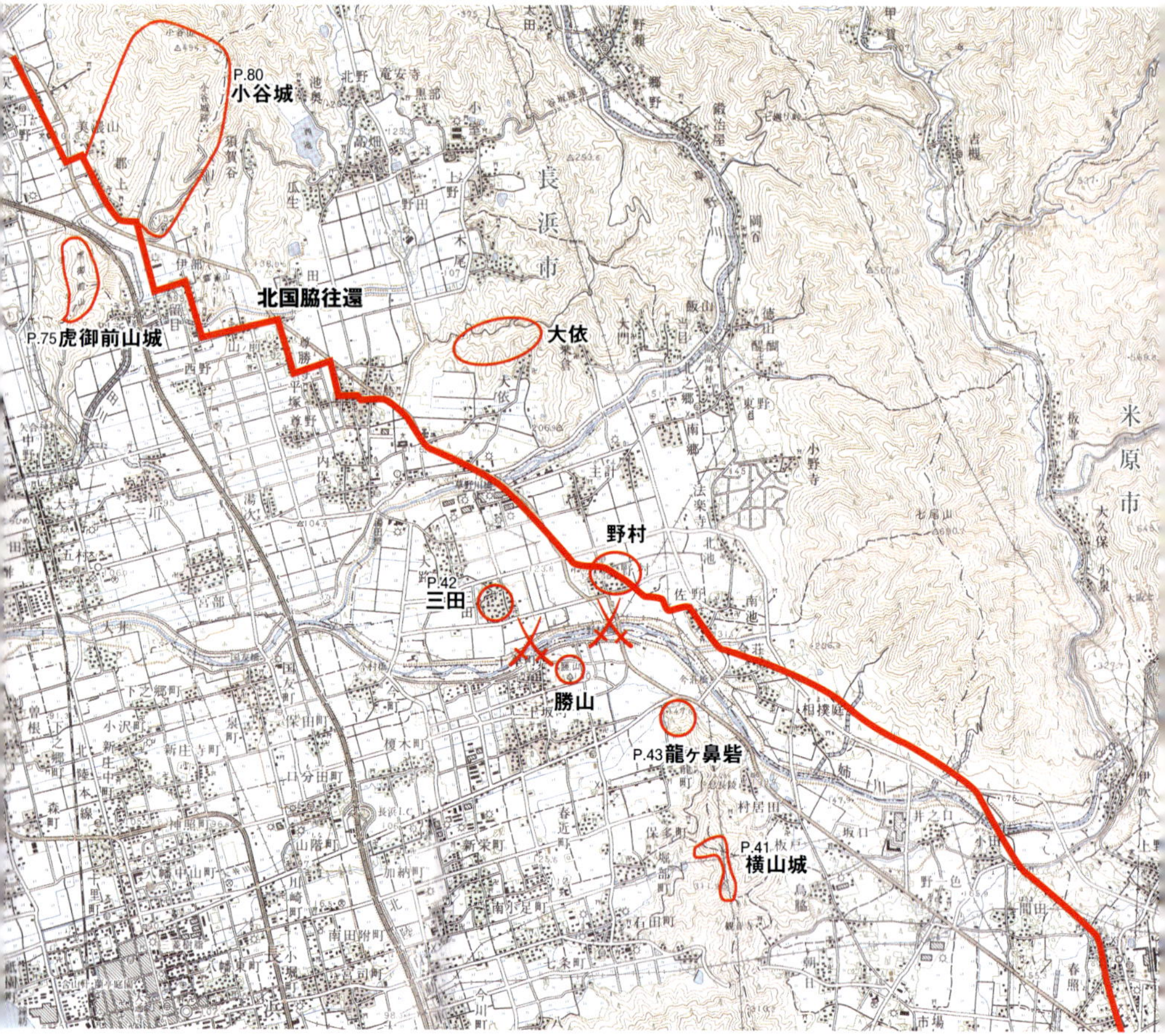

姉川合戦の推移	
元亀元年（1570）	
6月 19日	信長、樋口・堀の寝返りを受けて岐阜から出陣
6月 20日	長比城に滞陣
6月 21日	小谷城攻撃、虎御前山城に陣
6月 22日	虎御前山から撤退。浅井軍の追撃を受ける。伊吹弥高まで撤退し、陣
6月 24日	横山城を攻め、龍ヶ鼻に陣。家康着陣。浅井・朝倉、大依まで進出
6月 28日	未明、浅井が野村に、朝倉が三田に進出。これに対して織田が浅井に、徳川が朝倉に向かい、合戦。小谷まで攻め込むが、攻めきれず、横山城を落とす
7月 1日	磯野員昌の籠る佐和山城を囲む

柏原宿から見た長比城　中山道が狭隘な谷を抜けるところに長比城がある。柏原宿から美濃方面を見ると、城が街道を遮断している様子がよくわかる

長比城《たけくらべじょう》

信長が近江に侵攻してくる道は二つ考えられる。一つは北国脇往《ほっこくわきおう》還《かん》。もう一つは中山道《なかせんどう》である。当然、浅井長政はこの二つの街道を封鎖する。**たけくらべ・かりやす、両所に要害を構へ候。**「たけくらべ」がここで紹介する長比城《たけくらべじょう》であり「かりやす」が次に紹介する上平寺城《じょうへいじじょう》である。結果として、両城を守っていた、堀秀村《ほりひでむら》、樋口《ひぐち》直房《なおふさ》が**信長公御調略を以て、堀・樋口御忠節仕るべき旨御請なり。**と、信長に寝返ってしまい、戦わず開城してしまう。いかに城が強固な構造であっても、守るのは人である。**たけくらべに一両日御逗留なさる。**と、信長はまず長比城に入り、目前に迫った長政との戦いに備える。

戦いの経過はともあれ、長比城からは、JR東海道線・新幹線・名神高速道路・国道21号を見下ろすことができるし、遠く小谷城、岐阜城方面まで眺望することができる、まさに戦略上の要所であることが実感される。

長比城▼JR東海道線柏原駅から徒歩70分／北陸自動車道米原ICから15分、徒歩50分

長比城から見た中山道　長比城の足下に日本の東西を結ぶ陸路が集中しているのがよくわかる。この東には不破の関がある

長比城前郭食違い虎口　前後二つの郭から成り、当時最先端の食違い虎口が配されている。対信長戦への緊迫感が伝わってくる

上平寺城・弥高寺

じょうへいじじょう・やたかじ

上平寺城《じょうへいじじょう》は、西面する弥高寺《やたかじ》と合わせて、近江分国守護《ぶんごくしゅご》であった京極《きょうごく》氏の城郭として整備されてきた。浅井長政は信長戦に備え、これらの城郭を再整備したようである。この様子は弥高寺における発掘調査によっても確かめられている。『信長公記』に登場する「かりやすの要害《ようがい》」が上平寺城・弥高寺に当たる。これらの城の立地を見れば、長政が手を入れようとした気持ちがよくわかる。城のある山裾の狭隘な谷を、北陸と東海を結ぶ北国脇往還《ほっこくわきおうかん》が通っている。信長が美濃から小谷に攻め込む最短ルートだからである。

上平寺城は、伊吹山《いぶきやま》から派生する尾根を整形し、郭《くるわ》を配した、典型的な中世の山城である。また、弥高寺は、その名が示すように伊吹山に展開する山寺がその骨格となっている。確かに、本堂跡、中世墓など寺院的様相を持つ遺構が見られるが、その前面には大規模な横堀が掘られ、大門《だいもん》と呼ばれている入口部分は、分厚い土塁《どるい》で構成された食違《くいちが》い虎口《こぐち》となっている。まるで城郭である。聖地を城郭に取り込んだ典型的な事例である。

上平寺城・弥高寺▼名神高速道路関ケ原ＩＣから滋賀に向かって15分、徒歩60分

弥高寺から望む上平寺城　両者は隣り合った尾根に展開する。弥高寺から上平寺を見ると、土造りの城の構造がよくわかる

上平寺城から望む弥高寺　伊吹山から派生する尾根を雛段状に造成し、坊を乗せている様子がわかる

弥高寺大門　説明がなければ、城郭の虎口としか思えない寺院の入口である。おそらく対信長に備えた改造の結果だろう

横山城 よこやまじょう

姉川の流れに沿って南北に細長く延びる丘陵が横山丘陵《よこやまきゅうりょう》で、そのほぼ中央のピークに、浅井長政により築城されたのが、横山城である。もし、信長が北国脇往還を進軍し、「かりやすの要害」を突破したら、この城で信長を阻止する、周到な城郭配置である。はずであった。しかし、かりやすの城は信長に寝返り、無傷の信長軍が攻めて来た。戦っても勝ち目のない横山城の城兵は、城に籠ってしまう。信長は、姉川畔での合戦では有利に戦いを進めたものの、小谷城を攻めきれず、その矛先を横山城に向け、**横山へ御人数打ち返し、勿論、横山の城降参致し、退出し、木下藤吉郎、定番として横山に入れおかる。**という結末となる。以後、天正元年（1573）の小谷城落城まで秀吉は横山城の定番《じょうばん》となる。秀吉にとって最初に得た自分の城である。

　横山城は丘陵上の南北のピークにそれぞれ郭を配した二城別郭《にじょうべっかく》の城で、北城《きたしろ》は単純な構造であるが、南城《みなみしろ》は複雑な構造を持っている。南城は秀吉により、高度な縄張りに改造されたのだろう。

横山城▼JR北陸線長浜駅からバス石田下車、徒歩30分／北陸自動車道長浜IC から7分、徒歩20分

伊吹山より眺望した横山丘陵　伊吹山麓を流れる姉川に沿って街道が南北に走り、西に細長く横山丘陵が延びる。まさに戦略の要衝

横山城（北城）　小谷城に近い北城は、山の頂部や尾根を削平しただけの単純な構造の城郭で、比較的古いタイプの城郭構造

横山城（南城）　厚い土塁で囲まれた郭を中心に、井戸まで備えた、居住性を重視した城郭。秀吉による改造だと考えられる

三田村城　みたむらじょう

　姉川合戦の遠因は、信長の越前侵攻であり、浅井長政の反旗により、作戦は失敗した。見方を変えれば、越前は長政に救われたことになるから、長政の危機に対して援軍を派遣することは当然である。**朝倉孫三郎（影健）、後巻として八千ばかりにて罷り立つ。**しかし、浅井と朝倉の2国の軍勢が一体となって戦うことは無理である。結局、浅井は野村郷に、朝倉は三田村郷に別れて戦うことになる。

　この時、朝倉影健《あさくらかげたけ》が陣を置いたのが三田村城《みたむらじょう》である。湖北地域に多い土塁囲《どるいかこい》の平地居館《へいちきょかん》で、浅井の家臣である三田村氏の居城であった。三田村城の発掘調査の結果興味深い事実が明らかとなった。それは、城の土塁が大幅に嵩上《かさあ》げされていることが判明したのである。芯の部分は堅く叩き締めて丁寧に造られているが、この上に軟らかな土をざっくりと盛り上げていた。いかにも急ごしらえの改造である。改造の時期は16世紀後半。すなわち、姉川合戦の時期に符合する。信長に備え、急遽《きゅうきょ》城の防御機能を高めたのだろう。

三田村城▼JR北陸線長浜駅からバス三田下車、徒歩5分／北陸自動車道長浜ICから8分

城内から見た土塁　三田村集落のほぼ中央に城がある。平地に構えるという、湖北の特徴を表す城として史跡に指定されている

嵩上げされた土塁　現在見る三田村城の景観は、姉川合戦という有事に備えて防御性を高めたもので、築城時の景観とは大きく異なる

畑が堀の痕跡　道と土塁の間の細長い畑。元来、城を囲む堀だったが、平和な時代に埋められ、畑として利用されている

龍ヶ鼻砦《たつがはなとりで》

合戦に際し、小谷城下まで攻め込んだ信長だったが、結局攻めきれず、いったん弥高まで撤退し、その後、横山城を攻めるため、横山丘陵の先端にある、**たつがはなに御陣取り**。この時、信長の軍勢は小谷城に対して背を向けた状態となっている。これを見た浅井・朝倉連合軍が、信長の背後を襲うべく小谷城から出陣した。これに対して信長は、急遽陣を立て直して、浅井・朝倉と正対し、激突したのが姉川の合戦である。

この際、信長が陣を置いた龍《たつ》ヶ《が》鼻《はな》は、湖北の平野が一望できる位置にあり、湖北を代表する古墳群でもある。特に、最先端部分は、湖北最大の前方後円墳である、長《なが》浜《はま》茶臼《ちゃうす》山《やま》古墳《こふん》の墳丘そのものである。後円部に立つと、至近の距離に小谷城、虎御前山《とらごぜやま》が望まれ、眼下に姉川合戦の古戦場が広がる。しかし、浅井の城が防御性を高めた改造を施しているのに対して、信長本陣はほとんど無防備である。考えてみれば当然である。攻撃する戦略をとる信長にとって防御は不要である。

龍ヶ鼻砦▼JR北陸線長浜駅からバス東上坂口下車、徒歩6分／北陸自動車道長浜ＩＣから5分、徒歩5分

龍ヶ鼻砦＝長浜茶臼山古墳　平野に向かって突きだした丘陵を整形して前方後円墳が造られ、これを信長が砦とした

家康の陣から龍ヶ鼻砦を見る　徳川家康は朝倉影健に対抗するため岡山に布陣する。岡山は勝利に因み後に勝山とも呼ばれる

龍ヶ鼻砦の頂上　古墳後円部。湖北が一望でき、湖北を支配した古代の王と、これから支配する中世の王の視線が重なる

第四章

志賀の陣

浅井・朝倉・延暦寺との戦い

元亀元年（1570）6月、姉川の合戦に一応の勝利を収めた信長は、8月には大坂方面で三好三人《みよしさんにん》衆《しゅう》との戦いに突入する。

ところが9月、近江で思いもかけない事態が発生する。

辛未九月十六日、越前の朝倉・浅井備前、三万ばかり坂本口へ相働くなり。森三左衛門、宇佐山の坂を下々り懸け向かひ、坂本の町はずれにて取り合ひ、纔千の内にて足軽合戦に少々頸を取り、勝利を得。翌日、九月十九日、浅井・朝倉両手に備へ、又取り懸け候。町を破らせ候ては無念と存知られ、相拘へられ候のところ、大軍両手より噇とかゝり来たり、手前に於いて粉骨を尽さると雖も、御敵猛勢にて、相叶はず、火花を散らし、終に鑓下にて討死、さらに、勢いに乗った浅井・朝倉軍は、九月廿日、御敵相働き、大津の馬場、松本を放火し、廿一日、逢坂をこえ、醍醐・山科を焼き払ひ、既に京近く罷りなり、この知らせを受けた

比叡山から見た宇佐山城・壺笠山城・大津の町　比叡山の支峰が宇佐山であり、壺笠山である。延暦寺の僧には、信長と浅井・朝倉の戦いの推移が手に取るように見えたことだろう

志賀の陣の舞台　志賀の陣は元亀元年（1570）9月から12月にかけて、湖西南部の比叡山山麓を中心に繰り広げられた戦いである

信長は、京中へ乱入候ては曲なくおぼしめされ、急遽近江に兵を返す。九月廿四日、信長公、城都本能寺を御立ちなされ、逢坂を越え、越前衆に向ひて御働き。旗がしらを見申し、下坂本に陣取りこれある越北衆、廢軍の為体にて、叡山へ逃げ上り、はちケ峰・あほ山・つぼ笠山に陣取り候。

園城寺（三井寺）から見た宇佐山城・壺笠山城・比叡山を中心とした至近の距離に、何万もの軍勢が対峙した

この状況を見た信長は延暦寺《えんりゃくじ》に対して中立を保つよう要請する。

此の時、山門の僧衆十人ばかり召し寄せられ、今度、信長公の御身方忠節申すに付きては、御分国中にこれある山門領、元の如く還附せらるべきの旨、御金打候て、仰せ聞かせらる。併しながら、出家の道理にて、一途の贔屓なりがたきに於いては、見除仕り候へと、事を分ちて仰せ聞かせらる。

言うことを聞かなければ全山焼き討ちするぞ、と脅すが、延暦寺は

浅井・朝倉贔屓せしめ、魚鳥女人などまで上させ、ほしいままの悪逆なり。

と信長に抗する意志を明らかにする。

越前侵攻の際に目の当たりにした延暦寺の力と権威が、排除すべき「敵」として信長の前に現れた。この、浅井・朝倉・延暦寺との戦いを「志賀の陣」と呼ぶ。

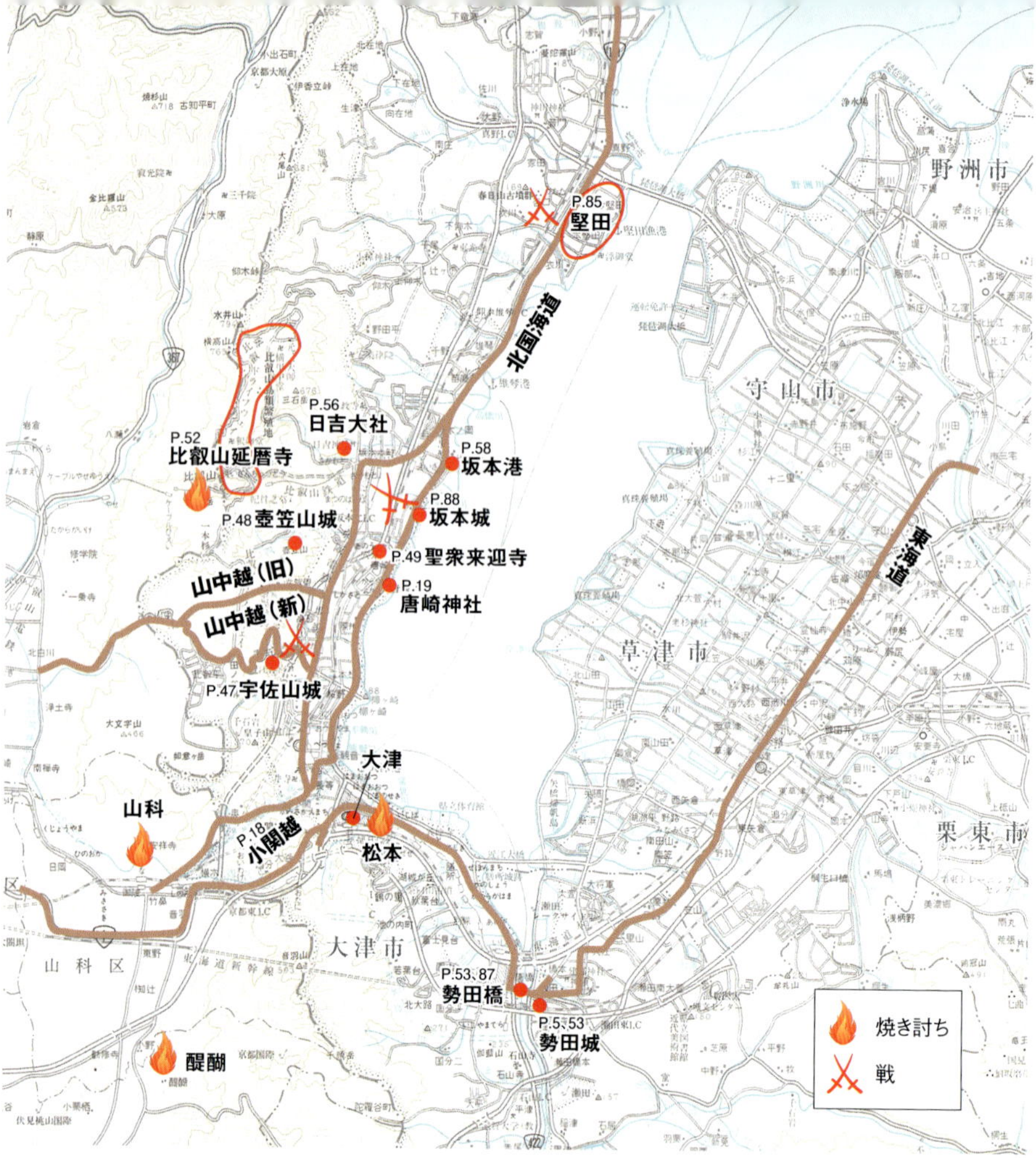

志賀の陣の推移

元亀元年（1570）	
9 月 16 日	浅井・朝倉連合軍、坂本に攻め込む。森可也防戦
9 月 19 日	再び連合軍の攻撃。森可也ら討死
9 月 20 日	連合軍、大津を攻撃
9 月 21 日	連合軍、醍醐・山科を攻撃
9 月 22 日	信長、連合軍の攻撃の報を大坂で受ける
9 月 23 日	信長、京に帰還
9 月 24 日	信長、大津に進軍。連合軍、比叡山に立て籠る。信長、比叡山を説得
9 月 25 日	信長、各所に砦を築き、比叡山を包囲
10 月 20 日	信長、義影を挑発するが、義影動かず
この頃	大坂で三好三人衆蜂起、近江で六角承偵蜂起、近江で一向宗蜂起
日不明	木下藤吉郎、援軍に駆けつける。信長喜ぶ
11 月 16 日	勢田川に舟橋を架けさせる
11 月 21 日	弟の信興、長島一向宗に攻められ自害
11 月 22 日	信長、六角承偵と和睦
11 月 25 日	堅田衆の一部が信長に味方する意志を示す
11 月 26 日	信長軍、連合軍と堅田合戦。信長軍敗北
11 月 29 日	将軍義昭、和睦を勧告
12 月 13 日	両軍和睦が成立
12 月 14 日	信長軍、勢田まで撤退
12 月 15 日	これを受けて、浅井・朝倉連合軍、比叡山から撤退
12 月 16 日	信長撤退し、磯に陣
12 月 17 日	岐阜城に帰城
元亀２年（1571）	
9 月 12 日	比叡山焼き討ち（P.52）

宇佐山城遠望　大津市内から眺めると非常に目立つ山である。この麓を京への峠道である山中越が通る。山中越は信長の時代に現在のルートに変更された

宇佐山城　うさやまじょう

志賀の陣は浅井・朝倉連合軍と、宇《う》佐《さ》山《やま》城《じょう》を守る森可也《もりよしなり》との戦いから始まる。宇佐山城の築城は、元亀元年（1570）5月に信長が越前から撤退する際、近江と京の国境を護るために**志賀の城・宇佐山拵へ、森三左衛門をかせられ**整備された城である。

宇佐山は、近江神宮の背後に聳《そび》える頂部の平らな独特の山容を持つ山である。中腹には宇佐八幡宮が鎮座しており、山の名称はこれに由来する。また、中腹には金殿《かなどの》井《い》と呼ばれる霊泉があるほか、近年の発掘調査では、古代の雨乞いに使われる土馬《どば》が出土するなど、水の聖地として意識された山でもある。元々は山頂に八幡宮があり、築城の際に中腹に移転させられたと考えられる。そして城を造るため山頂を削平《さくへい》した結果、独特の山容が生まれたのだろう。

城は、主郭を中心に二の丸、三の丸により構成される。特に、主郭の西面には、大振りな石材を用いた石垣が配されている。織田系の城郭で、安土城に先行する石垣として重要である。

宇佐山城▼JR湖西線大津京駅から徒歩50分／西大津バイパス近江神宮ランプから5分、徒歩25分

宇佐山城中腹の金殿井　宇佐八幡宮の本源は際川源流の聖地。宇佐山城は流通の要衝でもある山城である

宇佐山城の石垣　土木的な意図なしに唐突に積まれている。麓から仰ぎ見られることを意識したと考えられる

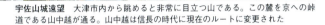

壺笠山城　つぼかさやまじょう

大坂から戻ってきた信長に対して、浅井・朝倉は正面から戦うことを避け、**叡山へ逃げ上り、はちケ峰・あほ山・つぼ笠山に陣取り候。**と、比叡山中に盾籠《たてこも》ってしまう。『信長公記』は信長サイドの記録であるから、いかにも信長に蹴散らされ、比叡山に逃げ込んだかのような表現になっているが、実際はそうではなく、延暦寺の力を背景に山に籠り、有利にゲリラ戦を展開した。業を煮やした信長は**十月二十日、朝倉かたへ使者を立てられ、互ひに年月を経、入らざる事に候間、一戦を以て相果さるべく候。日限をさし罷り出でられ候へ**と、徴発するが、応じるはずはなかった。

浅井長政が籠るために造った城が壺笠山城《つぼかさやまじょう》である。壺笠山の山頂にあり、滋賀県最古の前方後円墳である壺笠山古墳をそのまま城に改造している。壺笠山も非常に目立つ山で、高島の白鬚神社《しらひげじんじゃ》からもその姿が望める。そして、壺笠山の麓は坂本港である。湖西を航《ゆ》く船は、壺笠山を目指せばいずれ坂本に着く。まさに、琵琶湖の灯台のような山であり、それゆえ、舟運を掌握する王の墓が造られた。

山頂は狭い。この空間で何千もの軍勢が3ヶ月もの間暮らしていたとは、とても考えられない。おそらく、主力は延暦寺や、背後の谷に駐屯していたのだろう。長政にとって、目立つ山、言い換えれば聖地に陣を置くこと自体に、戦いの正当性を主張する意味があったのかもしれない。

壺笠山城▼京阪電鉄石坂線穴太駅から徒歩60分／西大津バイパス滋賀里ランプから2分、徒歩60分

壺笠山全景　よく目立つため古墳が築造された。長政は聖地を占拠することで自分の正当性をアピールしたのだろう

高島沖から望む壺笠山　比叡山から降りる尾根の変曲点から出べそのように頭を出す壺笠山。山麓は航海の終点・坂本

聖衆来迎寺　しょうじゅうらいごうじ

下阪本にある聖衆来迎寺《しょうじゅうらいごうじ》は、伝教大師最澄《でんぎょうだいしさいちょう》の開基になると伝えられ、後に、恵心僧都源信《えしんそうずげんしん》が念仏修行の道場とし、自らが感得した、紫雲《しうん》の中から来迎する阿弥陀《あみだ》聖衆《しょうじゅう》に因み「紫雲山《しうんざん》聖衆来迎寺」と名を改めたと伝えられる。宇佐山城攻防戦で戦死した森可也《もりよしなり》はこの寺に葬られている。境内の奥に建つ立派な石塔は、可也の百回忌を期に建立されたものである。宇佐山城を死守した可也に報いるためか、比叡山焼き討ちの際も、墓のある聖衆来迎寺は信長軍の攻撃を免れたという。このためか、寺には国宝「六道絵《ろくどうえ》」15幅をはじめ多数の文化財が伝えられ、近江の正倉院とも呼ばれている。

湖岸に建つこの寺には興味深い仏像が伝えられている。「銅像薬《どうぞうやく》師如来立像《しにょらいりゅうぞう》」で琵琶湖の中から出現したという伝承を持っている。まるで白鬚神社に現れた薬師如来を造形化したような由来である。琵琶湖の神を祀る寺が、信長の焼き討ちを免れたのは偶然のことだろうか。

聖衆来迎寺▼JR琵琶湖線大津駅からバス来迎寺カネカ前下車／名神高速道路大津ICから15分

森可也の墓　槍の名手として知られた武将であったが、坂本表の戦いで討ち死に。森蘭丸は可也の次男

聖衆来迎寺本堂　寄せ棟造りの格式高い本堂である。木造と同じ形に作った花崗岩造りの縁回りが特徴

戦闘の煙（イメージ）　合戦に放火はつきものである。軍勢同士のぶつかり合いは、このように、遠くからでも視認できたことだろう。信長にとってこの煙は味方か？　敵か？

志賀の陣の結末

信長が志賀に釘付けにされている間、周辺の状況は、刻々と変化する。大坂方面では　南方三好三人衆の事、野田・福島の普請を改め、諸牢人、河内・摂津国端〳〵へ打ち廻し致すと雖も、と信長を圧迫する。さらに、近江国内でも江南表の儀、佐々木左京太夫承禎父子、甲賀口、三雲居城、菩提寺と云ふ城まで罷り出でられ候へども、さらに、江州にこれある大坂門家の者、一揆をおこし、尾濃の通路止むべき行仕り候へども、この状況を受けて、横山城にいた木下藤吉郎・丹羽長秀は、信長に加勢すべく城を出、志賀に向かおうとするが、一揆勢はこれを阻止しようと、一揆ども建部郷内に足懸りを拵へ、箕作山・観音寺山へ取り上り、両手より差し合せ、通路取り切り候。秀吉は、これを突破し、勢多の郷中に駆け込むことができた。対岸で戦が行われていることを信長は「志賀の城」から遠望していたが、果たして身方が優勢か否かは判断できない。勢多の城に異変が起きたことは察知できたが、さては、山岡美作守、佐々木承禎を引き入れ、謀反相構へ候かと、御不審におぼしめし候ところ、飛脚を以て、藤吉郎・五郎左衛門、是れまで参陣仕り候と、言上候ところ、御機嫌斜ならず、諸陣も噇と競ひ申し候ひしなり。と、味方であることを知り、陣中の軍勢共々喜びの声を上げた。しかし、まだ事態は悪化する。霜月十六日……信長公の御舎弟織田彦七、尾州の内こきゑ村に足懸かり拵へ、御居城のところに、志賀御陣に御手塞がりの様体見及び申し、長島より一揆蜂起せしめ、取り懸け、日を逐つて、攻め申し候。既に城内へ攻め込むなり。結局、この攻防により弟の織田信興《おだのぶおき》は自害に追い込まれる。

志賀の陣は膠着《こうちゃく》状態のままであったが、唯一戦況が動いた。琵琶湖航路の要衝であるが、延暦寺の影響や、一向宗の影響が強く、信長も手出しができなかった堅田《かたた》から、十一月二十五日、堅田の猪飼野甚介・馬場孫次郎・居初又次郎両三人申し合せ、御身方の御忠節仕るべきの由候て、坂井右近・安藤右衛門・桑原平兵衛、右の趣申し越し、上意を得られ、人質を請け取り、其の夜中に、人数千ばかりにて堅田へ中入り仕り候ところ、越前衆、時刻移り候て、かなはじと存知、多勢をもって口〳〵へ攻め込むなり。と激戦が交わされたが、結局、信長軍は敗北する。まさに、信長にとって絶体絶命の危機である。

季節は秋から冬に向かう。この膠着した状況は、北国から遠征してきている浅井・朝倉にとっても好ましい状況ではなくなってきた。雪により帰国の路が閉ざされる可能性が出てきたからである。

寒天と云ひ、深雪と云ひ、北国の通路続けがたき故に候歟、公方様へ、朝倉、色〳〵歎き申すに付いて、無為の儀、仰せ出だされ候。信長公御同心これなきところに、霜月晦日、三井寺まで公方様御成りありて、頻に上意候事に候間、黙止しがたくおぼしめされ、十二月十三日、御和談相究む。と、いかにも朝倉が将軍に泣きついて和議を斡旋《あっせん》してもらったような表現になっているが、実際はその逆であろう。また、他の資料によれば、天皇に和議を斡旋し、和議を促す天皇綸旨《りんじ》が延暦寺に下されている。

しかし、『信長公記』ではこの辺りの経過は一切触れられていない。天皇の存在を表に出したくない意図すら感じられる。最終的に展開する天皇との対決を踏まえた表現なのだろうか。

結局、志賀の陣において信長は何も得るものがなかった。しかし、比叡山の権威、天皇の権威をいやというほど認識したに違いない。

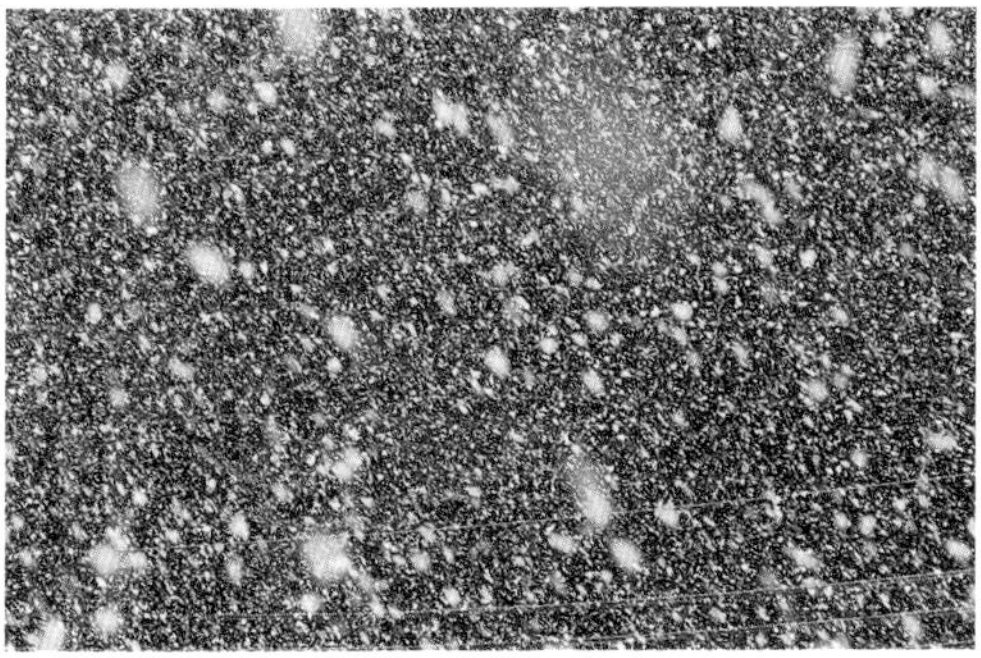
雪　浅井・朝倉が怖れていたのは雪である。雪に閉じ込められてしまっては何もできない。同時に雪は信長の窮地も救ったのである

第五章

比叡山焼き討ち

元亀2年（1571）神威を我が手に

元亀元年（1570）の近江での戦いは、信長にとって実質的に得るものの少ない戦いであった。しかし、戦いを通して、天下を手に入れ、これを経営していくために、手に入れなければならないもの、排除しなければならないものが明確化してきた。手に入れなければならないものは「琵琶湖と近江」であり、排除しなければならないものは「延暦寺《えんりゃくじ》の世俗的権威」である。延暦寺を排除し、琵琶湖と近江を手に入れた暁《あかつき》には、この経済的な力と、水を支配する権威を纏《まと》い「天皇に対抗し、これを凌駕《りょうが》し、統治者として日本に君臨する」。信長はこの戦略に向かって走り出す。

志村城主の墓と伝わる宝篋印塔　志村集落の城とされるが、遺構はなく、宝篋印塔が残るのみである

　元亀2年（1571）2月24日、信長の元に朗報が届く。**磯野丹波降参申し、佐和山の城渡し進上して、高島へ罷り退く。則ち、丹羽五郎左衛門を城代として入れ置かれ候ひき。**江北と江南の境目の城である佐和山城《さわやまじょう》が無傷で手に入ったのである。これで近江を南進する橋頭堡《きょうとうほ》ができた。

小川城推定地に祀られる六地蔵石仏　小川城は、現在の集落に重なり、その様相は窺い知れない

　そして8月、延暦寺と日吉大社を排除し、琵琶湖を手に入れるための作戦に着手する。

　八月十八日、信長公、江北表へ御馬を出だされ、横山に至りて御着陣。八月廿六日、大谷と山本山の間、五十町にはこれを過ぐべからず。其の間の郷、中島と云ふ所に、一夜御陣を居ゑさせられ、足

軽仰せつけられ、与語・木本まで悉く御放火なり。廿七日よこ山へ御人数打ち帰させられ、と、まず、長政の籠る小谷城を牽制し、ここに釘付けにする。そして、八月廿八日、信長公、佐和山へ御出で、丹羽五郎左衛門所に御泊り。先陣は一揆楯籠り候小川村・志村の郷推し詰め、近辺焼き払ふ。九月朔日、信長公、志むらの城攻めさせ御覧じ。……四方より取り寄り、乗り破り、頸数六百七十討捕る。これによって、並郷、小川の城主小川孫一郎、人質進上候て、降参申すの間、御赦免なさる。九月三日、常楽寺へ御出で、御滞留ありて、一揆楯籠る金ヶ森取り詰め、四方の作毛悉く苅田に仰せつけらる。し丶がき結ひまはし、諸口相支へ、取籠めをかせられ候ところ、御詫言申し、人質進上の間、宥免なされ、直ちに南方表へ御働きと仰せ触れらる。そして、九月十一日、信長公、山岡玉林所に御陣を懸けらる。九月十二日、叡山へ御取り懸け。比叡山の焼き討ちである。

着実に近江南部に侵攻していく様子が手に取るようにわかる。ただ、永禄11年（1568）の上洛戦の時とは違い、敵対する勢力を丁寧に潰《つぶ》し、これを自軍に取り込みながら進み、そして、直ちに南方表へ御働きと仰せ触れらる。と、自軍を肥大化させながら比叡山に向かった様子が窺われる。この行動には、なんとしてでも、この作戦を成功させ、そして国中に、信長の意志を浸透させようとする意図が込められていたのかもしれない。

三宅城にあったとされる懸所宝塔　金森城推定地内にあるが、元はその支城で信長に攻撃された三宅城にあったとされる。鎌倉時代の名品

瀬田唐橋から勢田城を望む　瀬田城は勢多橋（瀬田橋）を管理する重要な城。信長は舟橋で渡河したとされる

比叡山《ひえいざん》

元亀元年（1570）、志賀の陣において信長は延暦寺に対して中立を要請した。そして、従わなければ、若し、この両条違背に付きては、根本中堂、三王廿一社を初めとして、悉く焼き払はるべき趣、御諚候ひき。と最後通牒《さいごつうちょう》を突きつけていた。そして元亀2年9月に至った。

時刻到来の砌歟、山門・山下の僧衆、王城の鎮守たりと雖も、行躰行法、出家の作法にも拘らず、天下の嘲哢をも恥ず、天道の恐をも顧みず、婬乱、魚鳥を服用せしめ、金銀賄に耽りて、浅井・朝倉に贔屓せしめ、恣に相働くの条、世に随ひ、時習に随ひ、まず、御遠慮を加へられ、御無事に属せられ、御無念ながら、御馬を納められ候ひき。御憤を散ぜらるべき為に候。

九月十二日、叡山を取り詰め、根本中堂、三王廿一社を初め奉り、霊仏・霊社・僧坊・経巻一宇も残さず、一時に雲霞の如く焼き払ひ、灰燼の地となすこそ哀れなれ。山下の男女老若、右往左往に癈忘致し、取る物も取り敢へず、悉く、かちはだしにて、八王子山へ逃げ上り、社内へ逃げ籠る。諸卒四方より鬨声を上げて攻め上る。僧俗・児童・智者・上人、一々に頸をきり、信長の御目に懸け、是れは山頭に於いて其の隠れなき高僧・貴僧・有智の僧と申し、其の外、美女・小童、其の員をも知らず召し捕へ召し列らね、御前へ参り、悪僧の儀は是非に及ばず、是れは御扶けなされ候へと、声々に申し上げ候と雖も、中々御許容なく、一々に頸を打ち落され、目も当てられぬ有様なり。数千の屍算を乱し、哀れなる仕合せなり。年来の御胸朦を散ぜられ訖んぬ。

阿鼻叫喚《あびきょうかん》とはこのことをいうのであろうか。この記事を読む限り、比叡山《ひえいざん》は壊滅したかのように見える。しかし、山中には瑠璃堂《るりどう》のように焼け残った建物があるほか、多くの寺宝が難を逃れている。事実、山内の発掘調査によれば、極端な焼土層は認められない。それに対して、麓の日吉大社は徹底的な攻撃を受けたらしい。悉く、かちはだしにて、八王子山へ逃げ上り、社内に逃げ籠もる。諸卒四

瑠璃堂　比叡山のやや奥にある。信長以前の建物なので「全山の焼き尽くし」にはならない

方より鬨声を上げて攻め上る。という記述は、攻撃の中心が日吉大社にあったことを窺わせる。現に、境内の発掘調査では、分厚い焼土層があり、烈しい火災に遭ったことを示している。

信長が比叡山を焼かなければならない必然は二つある。一つは、坂本港を手に入れること。琵琶湖航路の最終地点である大津とは、この時代は坂本である。この富の集中する港を押さえていたのが、延暦寺であり、日吉大社であった。港を得るためには、この二つの宗教勢力を排除しなければならない。もう一つの理由は、琵琶湖に根ざした神的な権威を手に入れること。延暦寺は琵琶湖を「天台薬師の浄土」とし、命を支える水の力を宗教的権威にまで高め、権勢を誇っている。「天皇に対抗しうる神威《しんい》を身に纏い、日本に君臨する」ためには、延暦寺の思想に倣《なら》いたい。よって、あらかじめ排除しておく。志賀の陣において、自分に反したことに対する仕返し、というわかりやすい理由は、信長の深遠な戦略をカムフラージュする口実にしか過ぎなかった。なによりも、焼き討ち直後に、最も信頼する明智光秀に坂本を管理させる。さて、**志賀郡、明智十兵衛に下され、坂本に在地候ひしなり。**

西塔弥勒石仏　鎌倉時代頃の作品。顔の風化が激しいのは、焼き討ちのためであろうか

比叡山延暦寺▼京阪電鉄石山坂本線坂本駅からケーブル・ロープウェイ利用／比叡山ドライブウェイ利用

琵琶湖と比叡山　最澄は、命の平等に根ざした「悉有仏性」を天台の教えの根本に置いた。そしてその思想の源が、命の水が集う琵琶湖である。信長はこの湖を欲した

日吉大社　ひよしたいしゃ

比叡山の守護神である日吉大社も、焼き討ちの対象となった。むしろ、坂本に近いため、徹底的な破壊を受けたようである。日吉大社に伝わる『日吉兵乱火災之記《ひよしへいらんかさいのき》』にはこの時の様子がこのように記されている。「元亀弐年辛未九月十二日（禰宜行丸ら参籠衆四人が）内陣に参り候所、尾州軍兵内陣に乱入し、四人の上衣、小袖、帯、鼻紙、扇、腰刀大小、悉く取りて赤裸也。（四人は、破帷子を恵んでもらい、十三日伊香立に逃げる。同様に）惣社家中五六十人並に妻子、下人等以下数多の老若、方々に逃げ散る。夫婦の離別、父子、兄弟其の行跡を知らず」とあり、意外なことに、多くの人たちが焼き討ちから逃れていたことが窺われる。しかし、社殿に対する攻撃は熾烈《しれつ》を極めた。「社頭百八社並びに拝殿、神輿、七社、楼門、瑞垣、諸彼岸所以下、諸堂、七重塔婆、放火し訖んぬ。山門三院、谷々堂舎、仏閣、一宇残らず放火のこと」と徹底的に破壊された。ただ、注目されるのは、攻撃の対象が、延暦寺と日吉大社だけではなく「坂本町々人家、寺庵同前の事、社頭百八社、社外百八社、山上、坂本諸堂、鎮守社、都合四五百に及ぶか。八王子山前後討死一千人に及ぶか。但、多少の者は関知せずなり」と、坂本の町全体が攻撃の対象となったようである。また、確かに多数の犠牲者は出たことは間違いないが、『信長公記』に記されているような大虐殺があったわけではなさそうである。このことは、信長の焼き討ちの目的を考えれば納得できる。まず、延暦寺、日吉大社の宗教的な権威を象徴する社殿は徹底的に破壊し、その権威を否定する。次に、坂本港と坂本の町のインフラもいったん破壊

日吉山王祭　4月12日、日吉大社の神体山である八王子山から、男女の神々が神輿に乗って里に降る。炎と喚声は、信長の焼き討ちを彷彿とさせる

しリセットする。しかし、次に自分が坂本港を支配し、運営するための人的資源までを根絶やしにすることはしない。新たな支配者へ服従させるための「畏怖《いふ》」を擦《す》り込めば十分である。

日吉大社は、比叡の山の神を祀る神社で、延暦寺とは不離一体《ふりいったい》の関係にあり、神仏が習合し祀られていた。特に近江在地の神を祀る日吉大社東本宮《ひがしほんぐう》の主神は「大山《おおやま》咋神《くいのかみ》」という、男性神であるが、本当の主神は、樹下神社《じゅげじんじゃ》に祀られる、水を生み出す山の母性を象徴する「鴨玉依姫神《かもたまよりひめのかみ》」という女神である。樹下宮の床下には「霊《れい》泉《せん》」と呼ばれる井戸があり、この神の本体が、比叡の山が生み出す水であることを明確に語っている。普段、この二柱の神は八王子山の山頂にある「黄金《こがね》の大巌《おおいわ》」という磐座《いわくら》に宿り、比叡の山と琵琶湖を護っている。そして、年に一度、4月12日、坂本港を支えた、馬借《ばしゃく》・車借《しゃしゃく》たちの末裔に担がれ、八王子山から、降臨する。日吉山《さん》王祭《のうさい》である。炎と喧噪《けんそう》に包まれて山を降る御輿《みこし》の様は、主体は異なるものの、信長の焼き討ちの怒濤《どとう》を想い起こさせるようである。

禰宜行丸《ねぎゆきまる》は焼き討ちにあった八王子山をこのように記している。

「八王子社壇は焼きて大巌（黄金の大巌）白く光りておそろしきかな」。

この、おそろしき大巌の神は、信長の行為をどう見つめたのか。その眼差しは天正10年（1582）6月2日を向いていたのかもしれない。

日吉大社▼京阪電鉄石山坂本線坂本駅から徒歩10分／西大津バイパス下阪本ランプから10分

黄金の大巌　八王子山に屹立する岩巌で、日吉大社の信仰の中心である。焼き討ちでは「白く光りておそろしき」姿となった

坂本港　さかもとこう

古代における諸国の税、すなわち米の運搬方法を規定した『延喜《えんぎ》式《しき》巻26主税《しゅぜい》』によれば、「越前・越中・加賀・能登・越後の税は、海路で敦賀まで運び、ここから近江塩津《しおつ》に運べ、若狭の税は近江勝《かつ》野《の》に運べ、そしてこれらの港から琵琶湖の船を使って大津に運べ」と規定している。当然、東北の税も同じルートを通ったであろう。また、中京方面の税は、陸路で米原の朝妻《あさづま》まで運ばれ、ここから琵琶湖を通って大津に運ばれたことだろう。そうすると、東国の税、物資のほとんどが琵琶湖を使って大津に運ばれたことになる。先にも触れたように、大津とは大きな港のことであり、古代においては筑紫大津《ちくしおおつ》すなわち博多であり、近江大津である。そして、信長の時代、大津とは坂本を指していた。

この坂本の港を支配していたのが、比叡山（延暦寺と日吉大社）である。比叡山にとって、東国にある荘園《しょうえん》の米を財とするためには、京に運ばなければならない。中世における最大の荷主が比叡山であり、この力を持って坂本の港を支配したのである。信長にとって、日本の物流を支配するためには、比叡山を排除するしかなかった。

坂本公人屋敷庭園　焼き討ち以降も、延暦寺は坂本に対して強い影響力を持つ。公人屋敷は、近世以降に延暦寺の寺務を務めた者たちの屋敷

下阪本磯成神社から八王子山を見る　坂本港に関連深い神社で、中世には馬借・車借が集住していたとされる。当然、信長の攻撃対象となった

信長と琵琶湖年表（『信長公記』記載）

	永禄２年（1559）
	信長初上洛。美濃の刺客に合う。琵琶湖を志那から越える
	永禄 11 年（1568）
9 月 25 日	志那・勢田の船を用いて、琵琶湖を渡ろうとするが、船の都合がつかず、泊
9 月 26 日	琵琶湖を渡り、三井寺極楽院に着陣
	元亀元年（1570）
11 月 16 日	勢多川に船橋を架けさせる
11 月 25 日	堅田の猪飼野尽介ら、信長の味方に。堅田に軍勢を差し向ける。これに対応した連合軍と合戦。信長軍敗北。
12 月 14 日	琵琶湖を渡り、勢田城まで撤退
	元亀３年（1572）
7 月 24 日	湖上から海津・湖北一帯・竹生島を攻撃
	元亀４年（1573）
2 月 24 日	柴田勝家、勢田川を渡り、石山を攻める
2 月 29 日	明智光秀、囲い船で堅田を攻める、これを制圧
5 月 22 日	佐和山に移動。大船の建造を命じる
7 月 3 日	大船竣工
7 月 6 日	大船に乗り、佐和山から坂本に航海。坂本泊
7 月 26 日	京から坂本へ移動。同日、大船で高島攻め

	天正２年（1574）
3 月 17 日	志那から坂本に船で移動。京へ
	天正３年（1575）
4 月 27 日	坂本城より船で佐和山に戻ろうとするが、風に阻まれ常楽寺に上陸、陸路佐和山へ
6 月 26 日	にわかに上洛。佐和山で休息、船で坂本に
	この頃、勢田橋を架ける
10 月 13 日	勢田橋を視察。勢多・逢坂・山科を経て京へ
	天正４年（1576）
	この頃、大船を解体
	天正６年（1578）
3 月 6 日	奥島山で３日間鷹狩り、長命寺若林坊泊
3 月 8 日	奥島山での鷹狩りから、安土城へ帰る
5 月 27 日	洪水の様子を見聞するため、安土城に帰城。松本から矢橋まで船で渡る
6 月 10 日	上洛。矢橋から松本に船で渡る
6 月 26 日	海の大船完成。大坂へ
9 月 27 日	大坂の大船を視察に向かう
	天正７年（1579）
5 月 3 日	安土に向けて京を出る。山中より坂本。坂本から船で安土へ
	天正８年（1580）
3 月 10 日	安土城に帰城。大津松ヶ崎で鷹狩り。晩に船で矢橋に移る
3 月 15 日	奥の島山で鷹狩りをするため船で城を出る。長命寺善林坊泊
3 月 19 日	奥の島山での鷹狩りから安土城に帰城
3 月 25 日	奥の島で鷹狩り、山中に野営
3 月 28 日	奥の島での鷹狩りから安土城に帰城
	天正９年（1581）
4 月 10 日	竹生島参詣

第六章

近江を手中に

元亀3年（1572）高島攻略

比叡山《ひえいざん》を壊滅させた後の目標は、抵抗を続ける浅井長政《あざいながまさ》を排除し、近江と琵琶湖を完全に掌握することである。しかし、険阻《けんそ》な小谷《おだに》城《じょう》に籠る長政を正面攻撃で倒すことは、自軍に対するリスクが大きい。そこで信長は、長政に与《くみ》する周辺の勢力を叩き、長政を孤立させる作戦を採る。手始めは高島攻めである。

元亀3年（1572）、三月十一日、志賀郡へ御出陣。和邇に御陣を居ゑさせられ、木戸・田中推し詰め、御取出仰せつけらる。明智十兵衛・中川八郎右衛門・丹羽五郎左衛門、両三人取出にをかせられ、三月十二日、信長公直ちに御上洛、

信長は、長政の勢力下にある高島を牽制《けんせい》するため、安曇川の田中城、新旭の清水山城《しみずやまじょう》に対して、先制攻撃を仕掛けると、来るべき決戦に備えて、砦の整備を命じる。そして、翌元亀4年、高島に対する本格的な攻撃を敢行する。七月廿六日、信長公御下り。直ちに江州高島表、彼の大船を以て御参陣。陸は御敵城、木戸・田中両城へ取り懸け、攻められ、海手は大船を推し付け、信長公御馬廻りを以て、せめさせらるべきところ、降参申し、罷り退く。則ち、木戸・田中両城、明智十兵衛に下さる。高島の浅井下野・同備前、彼等進退の知行所へ、御馬を寄せられ、林与次左衛門所に至つて御居陣なさる。当表、悉く御放火。

並行して、ゲリラ戦を続ける六《ろっ》角承禎《かくじょうてい》にとどめを刺すため、湖東の鯰江城《なまずえじょう》を攻め、承禎に味方した百済寺《ひゃくさいじ》を壊滅させる。

高島平野の南端にある打下古墳から高島を一望　高島は浅井長政の支配下にあった。元亀元年（1570）越前侵攻戦では無傷で通過できたのだが

山中越　やまなかごえ

近江と京を結ぶ街道は多い。信長はその時の状況により、通る道を選択した。ただ、『信長公記』に明確に道の名前が記されている例は少ない。ここで取り上げる山《やま》中越《なかごえ》もそうであるが、天正7年（1579）**五月三日、信長公、御下り。路次は山中より坂本へ、御小姓衆計り召し列れられ、御舟にて直ちに安土御帰城。**と、京と坂本を行き来する場合、特に、坂本港を使う場合には、山中越を使ったようである。高島攻めに際して、和邇《わに》に陣を置いていた信長は、**三月十二日、信長公直ちに御上洛、**と、急遽陣を離れており、和邇と京との位置関係を考えれば、この時は山中越を使ったと考えられる。また、翌年、本格的高島攻略の際も、**七月廿六日、信長公御下り。直ちに江州高島表、彼の大船を以て御参陣。**とあり、大船の母港（P.91）が坂本であったと考えられるので、この際にも、山中越を使ったのだろう。

滋賀里の大仏様　鎌倉時代初期の阿弥陀石仏。地元では「おぼとけさま」と呼ぶが、白洲正子は「おとぼけさま」と表現

山中町の阿弥陀石仏　街道を見下ろすように坐す。火を受けたのか、顔が風化している

山中越は、滋賀里《しがさと》の崇福寺《すうふくじ》跡から、山中町を経由し、京の北白川に抜ける、京と近江を結ぶ最短路であるが、後に、起点を南志賀に置く現在の県道30号に変更された。

山中越の起点の滋賀里・中間点の山中町・終点の北白川には、それぞれ鎌倉時代に制作されたとされる大きな阿弥陀石仏が安置され、行き交う人々を見つめてきた。特に滋賀里の石仏は、その愛らしい表情から大仏様（おぼとけ様）と呼ばれ、親しまれている。近江の攻略に突き進む信長の眼に、おぼとけ様の笑顔はどのように映ったのだろうか。

滋賀里大仏▼京阪電鉄石山坂本線滋賀里駅から徒歩20分／西大津バイパス滋賀里ランプから5分、徒歩10分

歓喜寺城《かんきじじょう》

信長の高島攻略戦は、元亀3年（1572）3月11日に開始される。しかし、信長は、翌日、急遽《きゅうきょ》陣を離れる。『信長公記』を読む限り、高島への攻撃は1日で終了しており、とても本格的な戦闘が行われたとは考えられない。しかし、陣を離れる信長は、**御取出仰せつけらる。明智十兵衛・中川八郎右衛門・丹羽五郎左衛門、両三人取出にをかせられ**、と、高島攻略のための城の整備を命じる。この城がどこにあるのかは明確にはわからないが、高島の南の滋賀郡に置かれたと考えるのが自然であろう。すると、旧志賀町（現大津市）内にある不思議な城郭遺構が思い浮かぶ。歓喜寺城《かんきじじょう》とダンダ坊遺跡である。

このうち歓喜寺城は比良《ひら》山中にある薬師如来を祀る歓喜寺という山寺を中心に展開する大規模な城郭遺構で、連続する巨大な堀切《ほりきり》が特徴である。その土木量は圧倒的で、とても在地勢力の普請《ふしん》とは思えない。さらに随所に改造の痕跡も見られる。高島攻略の拠点として整備されたと考えるべきだろう。

歓喜寺城▼JR湖西線志賀駅から徒歩90分／国道161号大物から20分（林道含む）

歓喜寺　最澄が薬師如来を祀ったことに始まるとされる。地元では元亀3年（1572）の信長の焼き討ちに逢い焼失したとされる

古様な石垣　歓喜寺城の随所に石垣が残されているが、江戸期以降のものも多い。しかし、中には中世まで遡りそうな石垣もみられる

巨大な堀切　歓喜寺城は、尾根上に配された郭と郭の間に、巨大な堀切を入れる構造に特徴がある。在地勢力では考えられない土木量

ダンダ坊遺跡《だんだぼういせき》

かつて、比良山中には三百坊とも呼ばれるほど多数の天台系山岳寺院があったとされるが、その多くは山に埋もれ、その姿を窺い知ることができない。その中にあって、ほぼその全容を見ることのできる寺院跡がダンダ坊遺跡である。

ダンダ坊遺跡は比良山への登山口である、出合橋《であいばし》の奥に広がる広大な山岳寺院の遺跡であり、本堂等の宗教施設のあったとされる部分と、谷沿いに展開する坊跡群《ぼうあとぐん》に分かれる。このうち、坊跡群の最奥に最大の坊が置かれている。しかし、この坊は、寺院とは思えない構造を持っている。まず、入り口部分が石垣による食違《くいちが》い虎口《こぐち》になっており、ここが城的空間であることを示している。さらに奥には景石《けいせき》を多数配した庭園がある。城にある庭園は、城主と家臣の服《ふく》属儀礼《ぞくぎれい》の舞台装置として造られる。ダンダ坊遺跡は、山岳寺院を骨格に、何者かの手により、先進的な城郭に改造されたと考えられる。改造の主体は、庭園を背景に在地勢力を家臣とするための儀礼をおこなった。と、考えれば、この城の主は、信長の命を受けた明智光秀等が最も有力であろう。

食違い虎口　小規模ながら石を丁寧に積み、ほぼ完璧な食違い虎口を形成。様式は信長の時代に符合する

城内の庭園　奥に築山を造り、三尊石を配し、その麓に池を掘る。典型的な中世末の様式を示し、中央の文化を持ち込んだ者の手による庭だろう

ダンダ坊遺跡▼JR湖西線比良駅から徒歩60分／志賀バイパス比良ICから5分

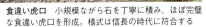

打下城
うちおろしじょう

打下城《うちおろしじょう》は、高島平野の最南部にあり、林員清《はやしかずきよ》の居城とされる。員清は、元亀3年（1572）7月24日に敢行された、船による湖北一円への攻撃に参加しており、浅井の勢力下にあった高島郡において、比較的早い段階から信長に従っていたようである。また、この際の活躍をみると、堅田衆《かたたしゅう》と同じく船戦《ふないくさ》を得意としていたらしい。

打下城は、JR近江高島駅の背後の見張山《みはりやま》から派生する尾根上に展開する2ヶ所の郭からなる山城である。眼下には古来、若狭と琵琶湖の結節点として栄えた勝野津《かつのつ》を望む。基本的には土造りの城であるが、郭の西面、すなわち、麓から仰ぎ見る面にだけ石垣を使っている。見せることを意識しているのだろう。

信長は、**林与次左衛門（林員清）所に至って御居陣なさる。**と、打下城に滞在し、戦後処理を行う。この際に、勝野津の繁栄を目の当たりにし、琵琶湖支配の拠点として、ここを欲したのだろう。後に乙女ヶ池と勝野津の間に浮かぶ水城として、大溝城《おおみぞじょう》を築城する。

打下城▼JR湖西線近江高島駅から徒歩60分／国道161号近江高島駅口から5分、徒歩35分

溝城から打下城を見る　山城の打下城は防御性は高いが、野津周辺の経済活動優先なら城は湖岸に降りることになる

下城の下段の郭に配された土塁　尾根状に配された上下２郭ら成る。大部分は土塁・堀を中心とした土造りの普請による

分的に積まれた石垣　上段郭虎口部分、下段郭前面の一部分にみ石垣がある。ともに麓に面しており、見せることを意識している

田中城　たなかじょう

戦国期の高島郡は、近江源氏《おうみげんじ》とも呼ばれる、佐々木氏の一族である高島家から、さらに分立した高《たか》島七頭《しましちかしら》と呼ばれる武家たちが割拠していた。現在の高島市安曇川《あどがわ》町《ちょう》田中に拠点を持つ田中氏もその一家で、泰山寺《たいさんじ》野《の》丘陵《きゅうりょう》から派生する南尾根上に田中城を築城した。

浅井長政は湖北の支配権を手に入れると、勢力を湖西にまで拡大し、高島郡をその支配下においた。田中氏もその一員であり、元亀元年（1570）の越前侵攻戦の際には、その時点では浅井の同盟者であった信長を田中の城に迎えている。しかし、事態は変わった。一転して信長に反旗を翻した長政のあおりを受け、田中城は信長軍に攻撃され落城してしまう。

田中城は、松蓋寺《しょうがいじ》という天台系の山寺を骨格とし、山城に改造したものである。よって、中腹の最も広い郭は本堂跡で、この背後の最高所に天守跡と呼ばれる郭が造られた。田中城は、自然地形を巧みに使った圧倒的な高さの土塁、また、天守跡からの高島平野南部を一望する景観が魅力の城郭である。

田中城▼JR湖西線安曇川駅から徒歩60分／国道161号安曇川駅口から10分、徒歩20分

城内に建つ観音堂　城内で最も広い郭・松蓋寺本堂跡が主郭だと考えられる。寺院の来歴を語るように観音堂が祀られている

大土塁　尾根を成形して造られた巨大な土塁。平野に面した側にだけあり、信長戦を意識して造られたのかもしれない

伝天守からの景観　最高所の郭で、前面には食違い虎口が配され守りを固める。勝野津に至る若狭街道を一望できる

清水山城　しみずやまじょう

『信長公記』では、高島攻撃の対象となった城として、木戸・田中の城が現れるが、このうち、田中の城が前に紹介した田中城である。それでは、木戸の城とはどの城を指すのだろうか？　旧志賀町（現大津市）に木戸という地名があり、ここにある城を木戸の城とする説が有力であったが、明確に「江《ごう》州《しゅう》高島表《たかしまおもて》」と記載されていることから、志賀郡の城ではありえない。最近の研究では、高島市新旭町にある湖西最大の城として知られる清水山城《しみずやまじょう》に「木戸」と呼ばれるエリアがあることから、清水山城が木戸の城であるとされている。

清水山城は、饗庭野丘陵《あいばのきゅうりょう》の前面に展開する城郭で、田中城と同様に、天台系の山寺である「清水《せいすい》寺《じ》」を改造した城とされている。土塁《どるい》により整然と区画された山麓部分は坊跡《ぼうあと》であり、この背後の最高所に主郭《しゅかく》が造られている。標高はそれほど高くはないが、主郭からの景観は絶景で、湖南・湖東・湖北・湖西のほぼすべてを見渡すことができる。もちろん、安土山も見ることができる。

清水山城▼JR湖西線新旭駅から徒歩30分／高島バイパス新旭から5分、徒歩20分

主郭を護る「畝状竪堀」　主郭の斜面に連続して刻まれた竪堀は戦国末期の先進的な城郭構造。信長戦に備え加えられたか

尾根を断ち切る堀切　主郭から延びる尾根を鋭く深く刻み、敵の侵入を防ぐ。単純だが効果的で多くの山城に使われる

地蔵谷石仏群　城内の地蔵谷に集積された中世の石仏群。清水山城の前身である清水寺に由来する遺品である

百済寺　ひゃくさいじ

近江掌握の戦いは湖東に移る。元亀4年（1573）4月、信長に抵抗する将軍義昭《よしあき》に対し、洛外《らくがい》、上京《かみぎょう》に放火するという荒技でこれをねじ伏せ、和議を結ぶと、信長は岐阜城に帰城する。その途中の出来事である。

四月七日、信長公、御帰陣。其の日は守山に御陣取り、是れより直ちに百済寺へ御出で、二、三日御逗留あつて、鯰江の城に佐々木右衛門督楯籠るを、攻め衆人数、佐久間右衛門尉・蒲生右兵衛大輔・丹羽五郎左衛門尉・柴田修理亮に仰せつけられ、四方より取詰め、付城させられ候。近年、鯰江の城、百済寺より持続け、一揆と同意たるの由、聞こしめし及ばる。

四月十一日、百済寺堂塔・伽藍・坊舎・仏閣、悉く灰燼となる。哀れなる様、目も当てられず。

御逗留という表現に、百済寺《ひゃくさいじ》に対する敵意は感じられない。しかし、抵抗を続ける六角承禎《ろっかくじょうてい》が籠る鯰江城《なまずえじょう》に対し、百済寺が支援をしている事実を知ったその時、百済寺に対する攻撃が敢行された。信長は、世俗的に抵抗する宗教勢力は容赦なく排除した。

百済寺は、全国有数の規模を誇る山寺で、ルイス・フロイスは「地上の楽園」とまで表現している。現在の伽藍《がらん》は、焼き討ち以後に復興されたものである。しかし、一歩参道から外れるとそこには、栄華を極めた寺院の遺構が未だに残されている。

百済寺▼近江鉄道本線八日市駅からバス百済寺本坊前下車／名神高速道路八日市ICから15分

引接寺（いんじょうじ）石造物群　百済寺に関連する墓に供えられていた。宗教都市としての百済寺の繁栄を雄弁に語りかける

百済寺前面の横堀　繁栄がもたらした財を護るため城塞化していった様子が窺われる。信長はこれを危険視したのだろうか

井元城《いもとじょう》

観音寺城を追われた六角承禎は、その後もしつこく信長に抵抗する。そして家臣の鯰江《なまずえ》氏の居城、鯰江城に立て籠る。これに対し信長軍は、**四方より取詰め、付城させられ候。**と、鯰江城を囲むように付城《つけじろ》を築き、圧力をかける。この際の付城の一つと考えられる城が井元城《いもとじょう》である。堀と土塁から成る土造りの普請であるが、前面部分に馬出《うまだし》を2ヶ所重ねるという、全国的に見ても珍しい、高度な縄張りに特徴がある。しかし、この馬出は、鯰江城とは逆の方向に向いている。はたして実戦を意識したものなのか、疑問である。先進的な虎口構造《こぐちこうぞう》を持つこと、そしてこれを相手に見せることに意味があったのかもしれない。

さて、井元城は、集落の間近にある、春日神社の背面に展開する城郭で、明瞭に遺構が残る。しかし、城として認知されたのは、昭和50年代と極めて新しい。地元にとって、信長は侵略者にしか過ぎない。地元を破壊した者の城は、忌むべきものとして、意識的に忘れ去られたのだろうか。

井元城▼近江鉄道本線八日市前からバス妹下車、徒歩10分／名神高速道路八日市ＩＣから10分、徒歩5分

井元城前面馬出し　虎口は全国的にも珍しい「重ね馬出し」という構造。兵を集約し進出・防御が集約的に行える

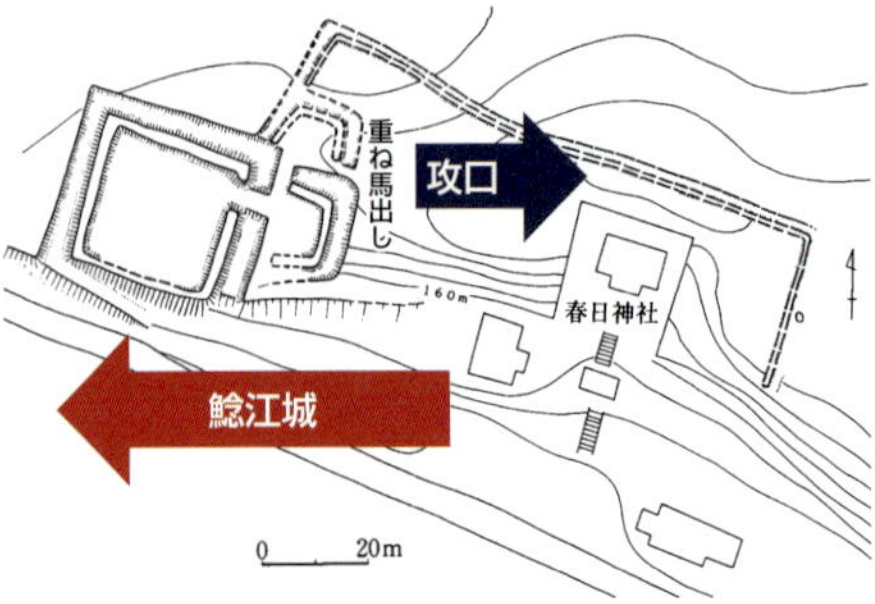

井元城重ね馬出し　敵と反対側に面しており、機能したか疑問。先進的な縄張りを持つ「力」を見せるためのものか

主郭を囲う横堀　人家に隣接した鎮守林の中にあり、明確に遺構が残る。しかし、認知されたのは昭和後期と新しい

金剛輪寺・西明寺

こんごうりんじ　さいみょうじ

金剛輪寺《こんごうりんじ》と西明寺《さいみょうじ》は、百済寺《ひゃくさいじ》と共に湖東三山《ことうさんざん》の寺院として著名である。この二つの寺は、百済寺が信長によって徹底的に破壊されたのに比して、数多くの文化財を伝えている。伝承によれば、「本堂が奥まったところにあったため、焼き討ちを免れた」「僧の機転により、寺の門前に火をかけ、あたかも全山が焼かれたようにカムフラージュした」などと語られる。いずれにしても、「信長は寺院、特に天台宗を積極的に排除した」ということが前提となっている。確かに、信長は、比叡山を焼き、百済寺を破壊した。一方で、天台系の寺院に対し支援・保護している事例も見られる。信長にとって、自分に対して世俗的に対抗する勢力は、これを徹底的に排除するが、抵抗しない勢力まで排除する必然はなかった。

戦国期、多くの天台系寺院は、律令的な権威に拠《よ》る庇護者《ひごしゃ》を失い力を失うか、浄土真宗に代表される新仏教に転宗し、姿を消す。時代のうねりと、天台の聖地を破壊したという信長の行為が象徴的に結びつき、「近江の寺はみんな信長が焼いた」という神話が語られることになった。

金剛輪寺▼JR琵琶湖線河瀬駅から予約型乗り合いタクシー利用、金剛輪寺下車／名神高速道路湖東三山スマートインターから5分

西明寺▼JR琵琶湖線河瀬駅から予約型乗り合いタクシー利用、西明寺下車／名神高速道路湖東三山スマートインターから8分

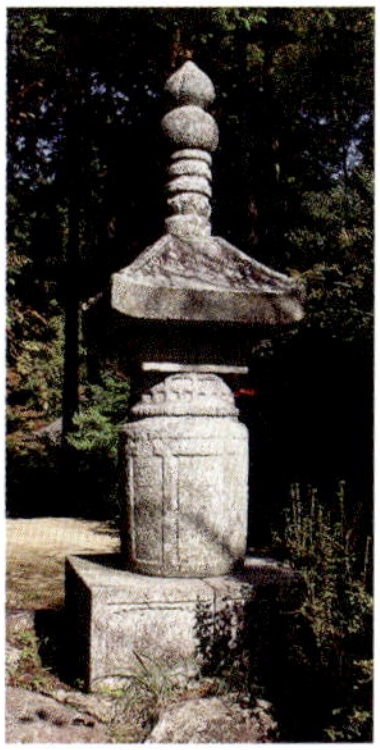

金剛輪寺三重塔（左）・宝塔（右）　湖東平野の開発に力を発揮した渡来人系氏族の関わりの深い寺院とされる。石垣の技術を持つ寺院としても知られていた

西明寺本堂と三重塔（左）・宝塔（右）　「池寺」の別名があるように、水の信仰に深い関わりのある寺院で、本尊は水中より湧出したと伝えられる薬師如来

高野城 たかのじょう

紅葉で名高い永源寺の近く、愛《え》知川《ちがわ》が平野に向かって流れ出る口の右岸段丘上に不思議な石垣があった。野面積《のづらづみ》の様相はいかにも古様《こよう》である。この石垣および、石垣で固められた平坦地の発掘調査の結果、戦国時代後半頃の城の跡が姿を見せた。これが高野城である。城主は、このエリアを領していた小倉氏と考えられる。

近江平野から伊勢に向かう道は鈴鹿山脈に向かって東進し、高野城付近で八風街道《はっぷうかいどう》と千種越《ちぐさごえ》に分かれる。いずれの道も、岐阜城時代の信長が、京との行き来に度々利用している。

地元では、この付近を「お鍋屋敷」と呼んでいる。お鍋とは信長の側室のお鍋の方をさす。お鍋の方の具体的出身地はよくわからないが、はじめ、小倉氏の妻となり、夫との死別後、信長の側室となった。本能寺の変後、高野に住したとも伝えられる。意外なところに信長の関係者の姿があった。

高野城▼近江鉄道本線八日市駅からバス永源寺車庫前下車、徒歩15分／名神高速道路八日市ICから15分

永源寺方丈　高野城の近くにある永源寺の本堂で、巨大な葭葺き屋根が特徴。佐々木六角氏の篤い信仰のもと建てられた

愛知川の段丘面に積まれた石垣　高野城の石垣は、石面を整形しない自然石を用いた野面積。長方形に近い石材を横目地を通しながら積む古式な技法が見られることから、信長の時代前後の、近江でも有数の古い石垣と考えられる

千草越　ちぐさごえ

千草越《ちぐさごえ》は、近江と伊勢を結ぶ峠道で、距離は長いが比高差が少ないので、よく利用された。その千草越で事件が起きる。元亀元年（１５７０）、越前侵攻戦に失敗した信長が、京から岐阜城に帰る際のことである。浅井長政の領国を通る中山道は使えない。さらに、長政は鯰江城まで進出してきた。この危機的状況の下、信長は千草越での帰国を選択する。

　五月十九日御下りのところ、浅井備前、鯰江の城へ人数を入れ、市原の郷一揆を催し、通路を止むべき行仕り候。然れども、日野蒲生右兵衛大輔、布施藤九郎、香津畑の菅六左衛門馳走申し、千草越えにて御下りなされ候。左候ところ、杉谷善住坊と申す者、佐々木左京太夫承禎に憑まれ、千種山中道筋に鉄炮を相構へ、情なく、十二、三間隔て、信長公を差し付け、二つ玉にて打ち申し候。されども、天道昭覧にて、御身に少しづゝ打ちかすり、鰐の口を御遁れ候て、目出たく、五月廿一日濃州岐阜御帰陣。

と危うく難を逃れた。善《ぜん》住坊《じゅうぼう》は、高島に潜伏するが、天正元年（１５７３）此の比、杉谷善住坊は鯰江香竹を憑み、高島に隠居候を、磯野丹波召し捕へ、九月十日、岐阜へ。菅谷九右衛門・祝弥三郎両人御奉行として、千草山中にて鉄炮を以て打ち申し候子細を御尋ねなされ、おぼしめす儘に御成敗を遂げらる。たてうづみにさせ、頸を鋸にてひかせ日比の御憤りを散ぜられ、と壮絶な結末を迎えることになる。

甲津畑▼近江鉄道本線八日市駅からタクシー20分／名神高速道路八日市ICから20分

善住坊の隠れ岩▼甲津畑から徒歩90分

善住坊の隠れ岩　千草越は愛知川支流の渋川沿いを登る。源流近くの巨巌に杉谷善住坊が隠れ、対岸を通る信長を狙撃したという

信長の馬繋ぎ松　千草越の麓の甲津畑にある。樹齢450年。まだ若木の彼は信長に迫る危機を教えることはなかった

第七章

小谷城攻防戦

湖北焦土作戦

信長にとって、琵琶湖そして近江を手に入れるために排除しなければならない勢力はたくさんあった。しかし、その筆頭の比叡山《ひえいざん》は元亀2年(1571)に焼いた。ゲリラ戦を続ける六角承禎《ろっかくじょうてい》も徐々に力を失っていった。頑強に抵抗する一向宗も追い詰めていった。

残るのは浅井《あざい》長政《ながまさ》である。自分に反旗を翻し、窮地に追い込んだばかりでなく、日本の経済を支える琵琶湖の港の多くが浅井領にある。なんとしてもこれを倒さなければならない。しかし、信長は急《せ》くことなく、長政を追い詰めていく。まず元亀2年8月、湖北に侵攻し長政を小谷城《おだにじょう》に釘付けにすると一転、南進し比叡山を焼いた(P.52)。

そして翌元亀3年(1572)三月五日、信長公、江北表へ御馬を出だされ、赤坂に御陣取り。次日、横山に至りて御着陣。三月七日、御敵城大谷と山本山の間五十町には過ぐべからず。其の間へ推し入り、野陣を懸けさせられ、与語・木本まで放火なり。と一帯を攻撃すると、また南進し、高島攻めに着手する(P.60)。そして七月十九日、信長公の嫡男奇妙公御具足初に信長御同心なされ、御父子江北表に至りて御馬を出だされ、其の日、赤坂に御陣取り。次の日、横山に御陣を居ゑられ、廿一日、

浅井居城大谷へ推し詰め、ひばり山、虎後前山へ御人数上せられ、佐久間右衛門、柴田修理、木下藤吉郎、丹羽五郎左衛門、蜂屋兵庫頭に仰せつけられ、町を破らせられ、一支もさゝへず推し入り、水の手まで追ひ上げ、数十人討捕る。……次の日、阿閉淡路守楯籠もる居城山本山へ、木下藤吉郎差し遣はされ、麓を放火候。……七月廿三日、御人数を出だし、越前境、与語・木本、地蔵坊中を初めとして、堂塔伽藍・名所旧跡、一宇も残さず焼き払ふ。七月廿四日、草野の谷、是れ又、放火候。并に、大吉寺と申して、高山能き構へ、五十坊の所候。近里近郷の百姓ら、当山へ取り上り候。前は嶮難のぼり難きに依つて、麓を襲はせ、夜中より木下藤吉郎、丹羽五郎左衛門、うしろ山続きに攻め上り、一揆僧俗数多切り捨てられ、と、湖北一帯を徹底的に攻撃した。

また、後で触れるように、この際、湖上からの湖北攻撃も敢行された。まさに焦土作戦である。執拗な信長の攻撃の前に、長政は小谷城に押し込められるとともに、長政の家臣たちにも動揺が広がる。

小谷城攻防戦の舞台　横山丘陵から小谷城方面を見る。右手から延びる小谷城。正対する虎御前山城。その左手の山本山城と琵琶湖。元亀元年（1570）～天正元年（1573）の４年間、このエリアは信長の執拗な攻撃を受け焦土と化した。このような状況が、長政の有力家臣達の離反を生んでゆく。これこそが信長が求めた作戦だった

湖北湖上攻撃

湖北に対する攻撃は、琵琶湖からも行われた。元亀3年（1572）7月24日。海上は打下の林与次左衛門、明智十兵衛、堅田の猪飼野甚介、山岡玉林、馬場孫二郎、居初又二郎に仰せつけられ、囲舟を拵へ、海津浦、塩津浦、与語の入海、江北の敵地、焼き払ふ。竹生島へ舟を寄せ、火屋・大筒・鉄炮を以て攻められ候。此の中、江北に聞かざる一揆と云ふ事を企て、徘徊の奴原、風に木葉の散る様に、ちり失せ候て、今は一人もこれなく、猛勢とり詰め、悉く田畠を苅田に申しつけられ候間、浅井人数は次第〳〵に手薄に罷りなるなり。

海津浦　敦賀からの荷が琵琶湖に漕ぎ出る要港の一つ。浅井氏と密接な関係にあった武家たち（海津衆）が支配していた

この時、弁才天《べんざいてん》の坐《いま》す竹生島《ちくぶしま》に対しても容赦のない攻撃を加える。竹生島弁才天は浅井氏の信仰が篤く、その祭りを支えることが浅井氏の権威ともなっていた。信長は竹生島を焼くことにより、浅井氏の精神的な権威を否定しようとしたのだろう。しかし、それは信長自身の弁才天に対する信仰とは別次元の行動であることを、後に信長自身が示すことになる（P．104）。

竹生島から見た小谷城・山本山城・虎御前山城　竹生島弁才天の元の姿は、湖北地域の水を司る女神・浅井比賣。浅井は地名であり、神名である。琵琶湖に浮かぶ神秘の島に浅井長政は自分の祖先の姿を投影し、敬ったのだろう

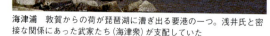

虎御前山城 とらごぜやまじょう

7月27日、信長は、虎御前山《とらごぜやま》の砦《とりで》を大改造する。虎後前山御取出の御要害仰せつけらる。そして、虎後前山御取出御普請程なく出来訖んぬ。御巧みを以て、当山の景気、興ある仕立、生便敷御要害見聞に及ばざるの由にて、各耳目を驚かされ候。と城の素晴らしさを語り続けて、御座敷より北を御覧ぜられ候へば、浅井・朝倉・高山大づくへ取り上り、入城し、難堪の峠に及ぶ。と、城から見える小谷城の様子を語り、続けて西は海上漫々として、向かひは比叡山八王子、昔は尊き霊地たりといへども、……南は志賀・唐崎・石山寺、彼の本尊と申すは大国震旦までも隠れなき霊験殊勝の観世音。往昔、紫式部も所願を叶へ、古今、翫所の源氏の巻を注しをかれたる所なり。東は高山伊吹山、麓はあれて残りし不破の関、何れも眼前に及ぶところの景気、又、丈夫なる御普請、申し尽しがたき次第なり。と、城から見える景色の由緒を語る。

このことは、信長がその景色と共に、そこにある神仏の権威をも手に入れたことを示す。また、「御座敷より北」を見ると小谷城が丸見えであることを語る。裏返せば、小谷城からも虎御前山城の様子は生々しく見えた。御座敷という、城郭には不釣り合いな典雅《てんが》な建物でくつろぐ信長が見える。その時の、城兵の心理はどうだったろう。「これは勝ち目がない」

虎御前山城▼JR北陸線河毛駅から徒歩30分／北陸自動車道長浜ICから20分、徒歩20分

小谷城から見た虎御前山城　指呼の間にある両城。信長は、虎御前山に本格的な城を造った

虎御前山城から見た小谷城　信長は小谷城から自分の姿が見えるよう城を造った。力と権威を見せつける戦略の始まりだ

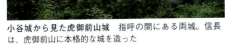

家臣の裏切り、義景の敗走

信長の採った精神的に小谷の城兵を圧迫していく戦略は実を結ぶ。元亀4年（1753）八月八日、**江北阿閉淡路守、御身方の色を立て、則ち、夜中、信長御馬を出だされ、其の夜、御敵城つきがせの城、あけのき候なり。**山本山《やまもとやま》城《じょう》の城主阿閉貞征《あつじさだゆき》が、たまらず寝返ると、信長は間髪入れず岐阜城を出て小谷城下に攻め込む。美濃三《みのさん》人衆《にんしゅう》の寝返りによる稲葉山《いなばやま》城《じょう》攻撃。元亀元年（1570）の堀、樋口の裏切りによる湖北侵攻と同様、敵将の寝返りにより軍事バランスが崩れたのを機に一気に攻め込む信長の戦略である。

八月十日、大づくの北、山田山に悉く陣どらせ、越前への通路御取切り候。朝倉左京太夫義景、後巻として、二万ばかり罷立ち、与語・木本・たべ山に陣取り候。これまでの戦いでは、援軍に来た越前勢は、越前道《えちぜんみち》と呼ばれる山道を使い、山田の山田《やまだ》山《やま》から小谷城最高所の大嶽《おおづく》に入るのを常としていたが、信長はいち早く山田山を占拠し、越前道を遮断する。浅井にとっては圧倒的に不利な状況である。**近年、浅井下野守、大づくの下、やけをと云ふ所こしらへ、浅見対馬を入れ置き候。是れ又、阿閉淡路と同心に御身方の色を立て、御忠節とし、八月十二日、大づくの下、やけをへ、浅見対馬覚悟にて、御人数引き入れ候。其の夜は、以ての外の風雨に候と雖も、虎後前山には信長公の御息嫡男勘九郎殿を置き申され、信長、雨にぬれさせられ候て、御馬廻り召しつれられ、太山、大づくへ御先懸けにて攻め上らせられ、既に乗り入るべきところ、越前より番手として、斎藤・小林・西方院、三大将の人数五百ばかり楯籠り、色々降参仕り候。**と、対信長戦に備え整備した焼尾丸《やけおまる》を守備していた浅見道西《あさみどうせい》が信長に寝返り、軍勢を城内に引き入れてしまった。相次ぐ家臣の離反が長政

木之本地蔵院　「木本、地蔵坊」として登場する。小谷城に入れなかった朝倉義景はここに陣を置くが、形勢不利と判断し撤退を始める

の命運を決することとなった。

　この様子を見た越前勢の丁野山《ようのやま》城《じょう》・中島城《なかじまじょう》は相次いで降伏する。ここで信長は攻撃の矛先を朝倉義《あさくらよし》景《かげ》に向ける。八月十二日、…然れば、信長御掟には、必定、今夜、朝倉左京太夫退散すべく候。……十三日夜中に越前衆陣所へ、信長又、御先懸なされ、懸け付けられ候。然うして、度々仰せ遣はされ候御先陣にさし向け候衆、油断候て、信長の御先懸なされ候を、承り候て、御跡へ参られ候。と、信長自らが越前勢に襲いかかったが、決定的な打撃を与えることができず、信長に遅れて攻撃に参加した部下たちを大いに叱責《しっせき》する。そして局面は敗走する越前勢への追撃戦へと展開する。御分別の如く、朝倉左京太夫義景癈軍候を、討ち捕り、頸ども、我も〳〵と持参候。

　義景の敗走路は二つ考えられる。中河内《なかのかわち》を通る北国街道《ほっこくかいどう》と、刀根《とね》坂《ざか》から敦賀に抜ける街道である。此の時、御馬にめし御出で候。中野河内口、刀根口二手に罷り退き候。何方へ付き候て然るべく候はんやと、相支へ、僉議区に候ところに、信長御掟には、引檀・敦賀の身方城を心懸け、退くべく候間、引檀口へ人数を付け候へと、御掟候。信長は、義景が、敦賀に撤退すると判断し、是を追撃し、刀根山、すなわち後の玄蕃尾城《げんばおじょう》付近で追いつく。案の如く、中野河内口へは雑兵を退け、朝倉左京太夫、名ある程の者どもを召し列れ、敦賀をさしてのがれ候。頓て、刀根山の嶺にて懸け付け、心ばせの侍衆、帰し合ひ〳〵、相支へ、塞ぎ戦ひ候へども、叶はず。敦賀まで十一里、追ひ討ちに、頸数三千余あり。

　そして、義景はこのまま一乗《いちじょう》谷《だに》まで撤退し、巻き返しを図るが信長軍の勢いを止めることはできなかった。そして、ここでも身方の裏切りに遭い、自害して果てる。

　長政は、後ろ盾を失い、完全に孤立してしまった。

玄蕃尾城から見た小谷城　義景を追撃した勝家は10年後、城を造り、信長亡き後の覇権をかけ秀吉と戦うが越前に敗走する。歴史は繰り返すのか

山本山城

やまもとやまじょう

湖上から見た山本山城　典型的な神奈備型の山。神仏が祀られ、その前身として古墳があった。しかし、山本山城がそれらの記憶を破壊している

長浜市街地から北に向かうと、高さはそれほどないが、絵に描いたような三角形の山が目に飛び込む。山本山《やまもとやま》である。山本山城は、山頂と北に延びる尾根を整形して造られた、土塁・堀により構成される、典型的な山城である。

山本山城の足下には、野田沼と尾上《おのえ》の集落が広がる。ここは、日本海からの物資を集め、塩津《しおつ》から琵琶湖に漕ぎ出た舟が、最初に目指す港で、湖上交通の要衝である。そのため、尾上には、古代の官衙《かんが》が置かれ、航路を見下ろす尾根上には、古保利《こほり》古墳群、若宮山古墳など、近江を代表する古墳が築造されている。山本山城の機能も、この延長上にある。

浅井長政にとって生命線ともいえる港を管理する重要な任務を任せられていたのが城主、阿閉貞征《あつじさだゆき》である。この裏切りを知った時の長政のショックは計り知れないものがあったに違いない。長政の命運は、阿閉の寝返りにより決したと言っても過言ではない。信長は阿閉の裏切りを促すように、**御敵城大谷と山本山の間五十町には過ぐべからず。其の間へ推し入り、野陣を懸けさせせられ**、と、小谷城と山本山城を分断する作戦を採る。これが功を奏したのであろうか。

山本山城からは、虎御前山城に圧迫される小谷城の姿がよく見える。阿閉は思ったことだろう。「これはダメだ。本格的攻城戦が始まる前に信長に寝返り、生きながらえよう」

山本山城から見た小谷城　小谷城と虎御前山城が間近に見える。大軍に圧迫される小谷城。山本山城も信長の焦土作戦により孤立してしまった

山本山城▼JR北陸線河毛駅から徒歩90分／北陸自動車道木之本ICから20分、徒歩20分

丁野山城・中島城 ようのやまじょう なかじまじょう

丁野山城縄張り 丘陵上部を削平、南北に堀切、周辺を巡る帯郭と、単純な構造だが、城としての機能は果たしていたはずである

丁《よう》野《の》山城《やまじょう》と中島城は、小谷城の援軍に来た越前勢により築城されたとされている。浅見対馬《あさみつしま》の手引きで大嶽《おおづく》を落とした信長は、その余勢を駆って丁野山城に攻め込む。**直ちに又、ようの山、信長御取り懸け候。平泉寺の玉泉坊番手として楯籠り候。是れも御詫言申し、罷退く。**大嶽を落とした際にも、敵兵を**朝倉左京太夫陣所へ打ち向はるべきの御存分にて、右籠城の者、敵所へ送り遣はさる。**と、敵を殺戮《さつりく》することなく、本陣と合流させている。自軍の優勢を敵に認識させ、浮き足出させることを狙ったのだろうか。

『信長公記』には中島城は登場しないが、両城は50mほどしか離れていない。明らかに同時期に、同じ勢力が築城したにもかかわらず、両城の縄張りはまったく異なる。丘陵最高所にある丁野山城は土塁《どるい》をまったく持たない古い様相を示すのに対し、中島城は、小規模ながらも、土塁囲いの食違《くいちが》い虎口《こぐち》を持つ先進的な縄張りである。この著しい相違は縄張りの機能を考える上で示唆的《しさてき》である。

丁野山城・中島城▼JR北陸線河毛駅から徒歩20分／北陸自動車道長浜ICから20分、徒歩10分

中島城虎口 丁野山城と近接するが構造が全く違う。土塁で主郭を囲い、食違い虎口が開く、時代の先端を行く縄張りである

中島城土橋 堀に付けられた防御構造。朝倉勢が造った二つの城は、縄張り機能を考えさせるきっかけになるかもしれない

小谷城・そして信長が得たもの

信長は、朝倉義景《あさくらよしかげ》を滅ぼし、越前での戦後処理を終えると、小谷城攻めを再開する。浅井長政にとっては絶望的な戦いである。援軍はまったく期待できない。家臣たちは降参しても、信長軍に吸収されることもあるだろう。しかし、長政自身の命が助かることはありえない。

小谷城全景　小谷山の秀麗な山容は湖北一円から望める。小谷山は神の宿る山であり、この権威を取りこむように城が造られた

八月廿六日、信長公、江北虎後前山まで御馬を納めらる。八月廿七日、夜中に、羽柴筑前守、京極つぶらへ取り上り、浅井下野・同備前父子の間を取り切り、先ず、下野が居城を乗つ取り候。爰にて、浅井福寿庵、腹を仕り候。さる程に、年来目を懸けられ候鶴松太夫と申し候て、舞をよく仕り候者にて候。下野を介錯し、さて其の後、鶴松太夫も追腹仕り、名誉是非なき次第なり。羽柴筑前守、下野が頸を取り、虎後前山へ罷り上り、御目に懸けられ候。翌日、又、信長、京極つぶらへ御あがり候て、浅井備前・赤生美作生害させ、浅井父子の頸京都へ上せ、是れ又、獄門に懸けさせられ、又、浅井備前が十歳の嫡男御座候を、尋ね出だし、関ヶ原と云ふ所に張付に懸けさせられ、年来の御無念を散ぜられ訖んぬ。続いて爰にて、江北浅井が跡一職進退に、羽柴筑前守秀吉へ、御朱印を以て下され、悉く面目の至りなり。

と、長政の所領を秀吉に与え、湖北一円の支配を秀吉に委《ゆだ》ねる。

大堀切　本丸と中丸の間の巨大な堀切(切岸部に着色)。京極丸を落とした秀吉も突破できず、ここを挟んで長政と対峙した

さて、浅井三代の居城、小谷城であるが、湖北の秀峰《しゅうほう》小谷山に築城された、全国有数の規模を誇る山城である。頂上を中心に、琵

琵琶湖に向かって馬蹄形《ばていけい》に延びる尾根線上と、尾根に囲まれた谷に、城の施設が配置されている。元は、浅井亮政《あざいすけまさ》の代に、山頂部分にあった、大嶽寺《おおづくじ》という山寺を城郭に改造したことから始まるとされている。城の中心をなすのは南側の尾根で、尾根最高所の「山王丸《さんのうまる》」から順次下に「京極丸《きょうごくまる》」、「中丸《なかまる》」、「本丸《ほんまる》」と郭《くるわ》が連なる。京極丸は、浅井が圧倒した京極家の当主を住まわせた郭とされている。もしこれが事実であるとすれば、浅井当主のゾーンである本丸より、京極が上位に坐すことになる。この城内の構造は、浅井は、京極を世俗的に圧倒した、しかし、これを完全には排除できず、京極の権威を利用する立場を越えることができなかったことを示している。そして、京極の上位にある郭が山王丸、すなわち神を祀る郭である。京極もまた、神の権威を乗り越えることができなかったことを示している。安土城の構造が、信長を絶対者として頂部におく、求心的構造であることと好対照を示している。

小谷城を秀吉に委ねると信長は、**九月四日、信長、直ちに佐和山へ御出でなされ、鯰江の城攻め破るべきの旨、柴田に仰せ付けられ候。則ち、取り詰め候ところ、佐々木右衛門督降参候て、退散なり。何方も御存分に任せらる。**と、六角《ろっかく》承禎《じょうてい》も完全に排除した。

この記事以降、信長の近江での軍事行動は姿を消す。近江の地、すなわち、陸上交通の要衝であり、抜群の生産力を誇る、政治、経済政策上支配しなければならない地。そして琵琶湖、すなわち、水の要路であり、比叡山延暦寺が宗教的権威の拠り所とした、経済的、そして何より、日本を精神的に支配するための舞台を、信長は完全に手中に収めた。次のステージは、信長が日本に君臨するための、自己の神格化と、それを具現化し、視覚的に示す装置、すなわち安土城の築城へと遷《うつ》る。

本丸　長政が湖北支配のための政務や儀礼を行ったと考えられる郭。発掘調査で瓦は出土せず、御殿風の建物が建っていたと考えられる

小谷城▼JR北陸線河毛駅から徒歩50分／北陸自動車道長浜ICから15分、徒歩30分

観音様と信長

　近江のお寺、特に湖北のお寺を訪ねるとよく耳にするフレーズがある。「うちのお寺は信長に焼かれてしもて、何もあらへんのです」。確かに、**七月廿三日、御人数を出だし、越前境、与語・木本・地蔵坊中を初めとして、堂塔伽藍・名所旧跡、一宇も残さず焼き払ふ。**と、寺院に対しても、容赦のない攻撃が加えられたことが窺われる。また、彦根市以北の地に、中世に遡る建造物が全く残されていないことも、この事を裏付けているように見える。

大吉寺宝塔　旧浅井町にある大吉寺は信長の攻撃を受け壊滅。しかし、攻撃理由は、百姓らが籠り、信長に抵抗しようとしたからとも考えられる

　しかし、よく知られているように、湖北地域には観音像を中心に、信長以前の仏像が数多く伝えられている。そして、これらの仏像たちは、土中に埋められ、水中に沈められ、信長の攻撃をやり過ごした、という伝承を持つものも多い。

　果たして、信長はすべてを焼き尽くしたのだろうか？　信長が行動した時代は、天台宗等の旧仏教を支えた、律令的《りつりょうてき》な権威が崩壊すると同時に、阿弥陀仏以外の仏を認めない、浄土真宗が湖北一円に力を伸ばしてきた時期に符合する。パトロンを失い、没落する寺院に追い打ちをかけるように、新仏教が広まった。古い信仰に支えられた仏たちは打ち捨てられた。しかし、それでは忍びない。村で御守りしよう。このような心象が働き、村の観音様が生まれたのではないだろうか？　その時、信長の比叡山焼き討ちという、強烈な寺院破壊のイメージが重なり、冒頭のフレーズが生まれたのだろう。

渡岸寺十一面観音埋納地　木彫の最高傑作ともいう渡岸寺十一面観音も、兵火を逃れるため埋納され、後に掘り出されたと伝わる

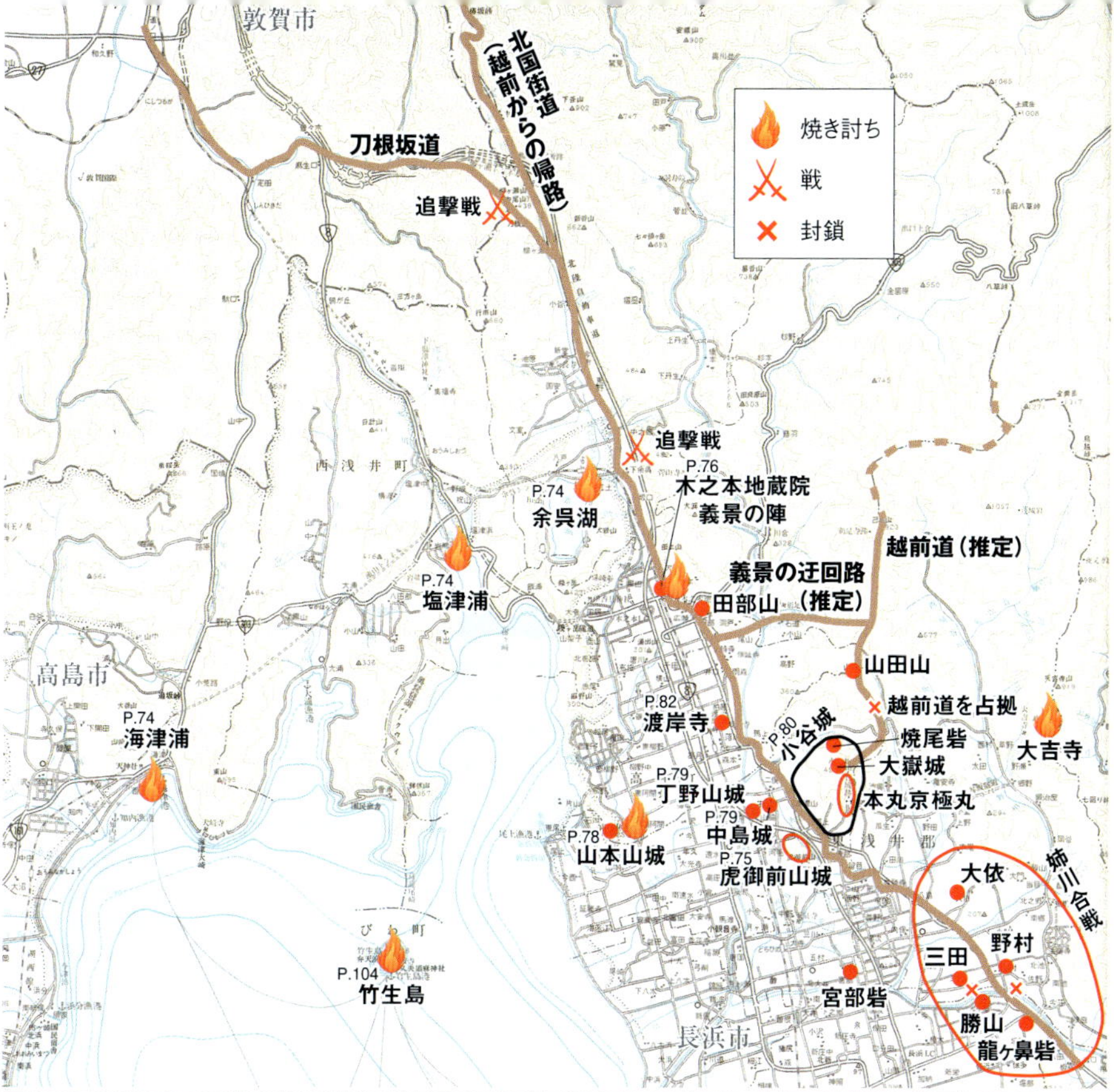

小谷城攻防戦の推移

元亀２年（1571）	
８月　16 日	湖北に向かって岐阜から出陣。横山城に
８月　26 日	小谷城と山本山の間の中島に陣。余呉・木之本を焼き討ち
８月　27 日	横山城に帰る
８月　28 日	佐和山城に入る。以下９月 12 日の比叡山焼き討ちにつながる
元亀３年（1572）	
３月　５日	湖北に向かって岐阜から出陣
３月　６日	横山城に陣
３月　７日	小谷城と山本山の間に陣。余呉・木之本を焼き討ち
３月　９日	横山城に帰る
７月　19 日	信忠の具足始めを兼ねて湖北に出陣
７月　20 日	横山城に陣
７月　21 日	小谷城に向かい、虎御前山城などに軍勢を登らせ、城下を破壊
７月　23 日	余呉・木之本地蔵をはじめ、一帯を焼き討ち
７月　24 日	草野の大吉寺を焼き討ち。湖上からも湖北一帯を焼き討ち
７月　27 日	虎御前山に築城を命じる
７月　29 日	朝倉義景、大嶽に着陣
８月　８日	越前の前波良継父子、信長に寝返る
８月	虎御前山の城が竣工
８月	八相山と宮部村に砦を築かせる
８月	虎御前山と宮部までの間に、土塁・築地・堀などを造り、往来を確保
８月	信長、浅井・朝倉を挑発するが反応なし
９月　16 日	信長父子、横山城に引き上げる
天正元年（1573）	
８月　８日	山本山城の阿閉貞征が信長に寝返る。その日に信長出陣
８月　10 日	山田山を占拠。越前道を封じる。朝倉義景、余呉・木之本・田部山に陣
８月	焼尾の砦を護る浅見対馬が信長に寝返る
８月　12 日	浅見、焼尾の砦に信長軍を引き入れる。大嶽を信長自ら攻める。同時に丁野山城を攻め落とす
８月　13 日	朝倉勢、撤退を開始。信長自ら追撃。遅れて追撃戦に参加した部下を叱責。刀根山で追撃戦
８月　24 日	朝倉義景自刃
８月　26 日	信長、虎御前山城に凱旋
８月　27 日	羽柴秀吉、京極丸に攻め込む。浅井久政自刃
８月　28 日	信長、京極丸に登り、浅井長政を責め自刃に追い込む

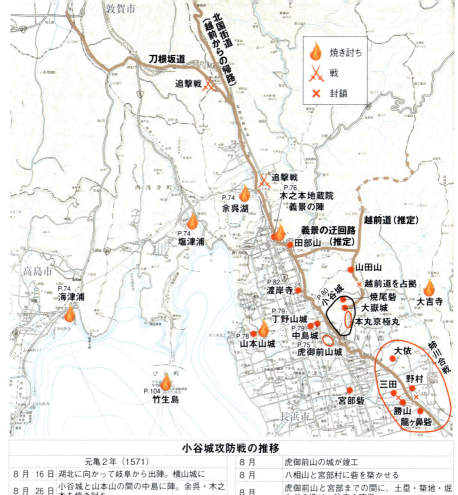

第八章

琵琶湖を我が手に

軍事・経済的戦略

信長の、元亀元年（1570）から天正元年（1570）に至るまでの戦いは、琵琶湖と近江を手に入れるための戦いだった。

すでに紹介しているように、信長は多様な琵琶湖の価値を知り、これを独占することが、日本を統治するために不可欠と考え、行動した。この章では、軍事・経済的な側面から琵琶湖に対する信長の戦略を追うことにする。

言うまでもなく、近江は日本のほぼ中央にあり、その中心に琵琶湖がある。東国の物資・情報は必ず近江を通る。近代に至り、鉄道・自動車が運輸の主役となるまでは、水上交通が運輸の中心であった。そのような時代にあって琵琶湖は南北60㎞にも及ぶ天然の運河として機能してきた。この運河を手に入れることは、経済上・軍事上不可欠なことである。そもそも、経済と軍事は不離一体《ふりいったい》の関係にある。強力な軍隊を編成し、これを遠征させることは、経済力の裏付けなしには、なしえない。信長はこの関係をよく理解していた。日本を軍事的に従えた後、首都をどこに置くかは、信長にとっても大きな問題だったろう。京か？ 大坂か？ どこに置いても琵琶湖を押さえる必要がある。まして、首都を琵琶湖畔に置くとしたら。

琵琶湖と朝日　琵琶湖は単なる湖ではなく、日本の経済を支え、文化の母体としてもその存在感を発揮し続けてきた

琵琶湖大橋　多くの人と物資が行き交う有料道路。「関銭」が徴集されているのは、中世と変わらぬ姿である

堅田　かたた

堅田《かたた》は、琵琶湖が最も狭くなる所に位置する。航《ゆ》く船はこの堅田沖を通らなければ、坂本に着くことはできない。堅田は、京の下鴨《しもがも》社《しゃ》に使える供御人《くごにん》の地位を元に、琵琶湖一円の自由航行権を主張し、海峡を航く船に対し上乗権《うわのりけん》と呼ばれる徴税行為《ちょうぜいこうい》を行使した。その結果、莫大な富が堅田にもたらされた。堅田の町は、殿原衆《とのはらしゅう》と呼ばれる武家の代表者と、全人衆《まろうどしゅう》と呼ばれる、農民・漁民の代表者による合議により運営されていた。富が均等に配分された結果、堅田を支配する突出した力を持つ者が現れなかったからである。

信長は、この堅田が欲しかった。元亀元年（1570）の志賀の陣において、堅田を手に入れるチャンスがやってきたが、浅井・朝倉連合軍に敗北し、頓挫する（P.51）。

そして、元亀4年（1573）2月、将軍義昭は、信長に抵抗するため　**光浄院・磯貝新右衛門・渡辺体の者、内々御詞を加へられ、彼等才覚にて、今堅田へ人数を入れ、石山に取出の足懸りを構へ候。則ち追ひ払ふべきの旨、柴田修理亮……仰せ付けらる。**勝家は石山の砦を落とすと、**二月廿九日辰の剋、今堅田へ取り懸け、明智十兵衛囲舟を拵へ、海手の方を、東より西に向つて攻められ候。丹羽五郎左衛門・蜂屋兵庫頭両人は、辰巳角より戌亥へ向つて攻められ候。終に午の剋に、明智十兵衛攻め口より乗り破り訖んぬ。**信長は、念願の堅田を手に入れた。

居初氏庭園　居初氏は殿原衆として活躍し、『信長公記』にも見える。茶室に付属する庭園は琵琶湖が借景

居初氏庭園▼JR湖西線堅田駅から徒歩10分／湖西道路真野ICから10分

矢橋港常夜灯　東海道は草津から瀬田橋を渡るが、舟を使う近道が賑わった。矢橋港は草津側の起点

上洛と港

信長は、岐阜城《ぎふじょう》と京、安土城と京の行き来にたびたび舟を利用している。『信長公記』に現れる港としては、西岸では、大船の母港としても整備されていたらしい「坂本」（大津市）（P.88）をはじめ「松本」（大津市）がある。また東岸では、「矢橋《やばせ》」（草津市）、「志那《しな》」（草津市）がある。また、「佐和山」（彦根市）も使われていた。このほか、「上洛」「帰城」とだけ表現されている中にも、舟を使った往来が多数含まれていると考えられる。また、天正6年（1578）**十月六日、信長公坂本より御舟にめされ、安土へ御下り。**翌天正7年　**五月三日、信長公、御下り。路次は山中より坂本へ、御小姓衆計り召し列れられ、御舟にて直ちに安土御帰城。**と、安土城の完成間近な頃からは、安土と大津を直接舟で行き来することも多かったらしい。

信長が、船戦《ふないくさ》は別として、軍勢の移動に徴用船《ちょうようせん》を使ったのは、永禄11年（1559）の上洛戦の時だけである。この時は、**九月廿四日、信長守山まで御働き。翌日、志那・勢田の舟さし相ひ、御逗留。廿六日、御渡海なされ、**と、必要な舟を調達することができなかった。この苦い経験が、後の大船建造のきっかけになったとも考えられる。

矢橋▼ＪＲ琵琶湖線草津駅西口からバス矢橋下車、徒歩10分／名神高速道路栗東ＩＣから20分

小舟入▼ＪＲ琵琶湖線大津駅から徒歩10分／名神高速道路大津ＩＣから5分

石場の常夜灯▼ＪＲ琵琶湖線膳所駅から徒歩10分／名神高速道路大津ＩＣから5分

石場常夜灯（左）と小舟入り常夜灯（右）　近世には矢橋からの舟を迎える大津の港は複数あった。大津港の繁栄を示す常夜灯が残る

現代の勢田橋（瀬田唐橋）　近江八景「瀬田夕照」で名高い景観。信長の時代には現在地より約50m下流にあったとされる

勢田橋　せたばし

陸路の障害に大河がある。近江では瀬田川である。信長が上洛戦の際に舟を使ったのは、瀬田川に橋がなかったためでもある。この経験から、志賀の陣では、元亀元年（1570）**霜月一六日、丹羽五郎左衛門御奉行として仰せつけられ、錘綱丈夫にうたせ、勢田に舟橋懸けさせられ、……。**と、援軍あるいは撤退に備えている。そして、天正3年（1575）に、物流の活性化による経済の充実を目的とし、支配下の街道の整備と関の撤廃に着手し、その象徴的な工事として勢田橋《せたばし》（瀬田唐橋）を架ける。

さる程に、江州勢田の橋、山岡美作守・木村次郎左衛門両人に仰せ付けられ、若州神宮寺山、朽木山中より材木を取り、七月十二日吉日の由候て、柱立て。橋の広さは四間、長さ百八十間余。双方に欄干をやり、末代の為に候の間、丈夫に懸け置かるべきの旨、仰せ付けられ候。天下の御為とは申しながら、往還人・旅人御憐愍なり。そして十月十二日、永原に御寄宿。勢田の橋出来申すにつきて、御一見なさるべきため、陸を御上京。事も生便しき橋の次第なり。各、耳目を驚かされ候。

交通インフラの整備は、政権の責務として、律令期《りつりょうき》であれば天皇が行う行為である。関を撤廃し、街道を整備し、巨大橋を架ける信長の行為は、信長が、天皇に替わり、日本の経済を支配する権威を身につけたことを広く知らしめるものでもあった。

信長の時代の勢田橋礎石　川底の発掘調査で多数の礎石が見つかった。信長の勢田橋を支えていたと考えられる

瀬田唐橋▼京阪電鉄石山坂本線唐橋駅から徒歩5分／名神高速道路大津ICから15分

坂本城

さかもとじょう

坂本は、何度も触れているように、日本の経済を左右する港があり、これを比叡山延暦寺《ひえいざんえんりゃくじ》・日吉《ひよし》大社《たいしゃ》が経済的基盤としていた。元亀2年(1571)、信長は比叡山焼き討ちを敢行し、坂本に対する宗教的権威を排除した(P.52)その直後、坂本城の築城を始める。

坂本城跡に立つ光秀像　本能寺の変の首謀者として語られるが、変の直前まで信長側近No.1の武将であった

九月十二日、……さて、志賀郡、明智十兵衛に下され、坂本に在地候ひしなり。とあり、志賀郡(現大津市)の支配を明智光秀に委ね、その拠点として坂本城を築城させる。坂本城の機能は言うまでもなく、坂本港の管理と、延暦寺および日吉大社の監視である。

坂本城の縄張りは、後世の開発により現状で把握することは困難である。ただ、琵琶湖に面し、堀として湖水を取りこんだ水城《みずじろ》であることは間違いない。坂本の町を歩くと、下阪本3丁目付近の北国《ほっこく》海道《かいどう》が異様に幅が広いこと、そして、酒井神社《さかいじんじゃ》・両所神社《りょうしょじんじゃ》の東に、広い空閑地があることに気付く。これは、坂本城の中堀が街道となり、外堀を埋めた跡が、空閑地として残され生まれた景観である。

坂本城▼JR湖西線唐崎駅から徒歩25分／名神高速道路大津ICから15分

坂本城外堀　対面して鎮座する酒井神社・両所神社と、下阪本小学校の間にある空閑地が坂本城の外堀跡

坂本城中堀　坂本を通る北国海道は江戸時代に整備された。下阪本の一部が広いのは坂本城の中堀を埋め街道としたため

大溝城 おおみぞじょう

高島市大溝は、古来、若狭と琵琶湖を結ぶ港町として栄えてきた。信長は、元亀元年（1570）の越前侵攻戦の際、勝野津《かつのつ》を見、元亀4年の高島攻めに際しては、勝野を見下ろす尾根にある打下城《うちおろしじょう》に陣を置き、高島攻めの拠点とした。これらの経験が勝野津の有意性を認識させ、この地での築城を決断させた。大溝城《おおみぞじょう》は、天正6年（1578）に築城が開始された。城主は信長の甥に当たる織田信澄《おだのぶずみ》である。大溝城の機能は、高島郡（現高島市）の支配と、勝野津の掌握を通した、琵琶湖航路支配の一翼を担うことにあった。

大溝城は、乙女ヶ池《おとめがいけ》と呼ばれる内湖《ないこ》と、勝野津の間に築城された、湖水を堀とした水城であり、現在も、乙女ヶ池に接して建つ天守台の石垣が、往時の姿を留めている。琵琶湖に築城された水城の多くが、後世の開発により失われてしまった中にあって、大溝城は、今なお水城の景観を留める、貴重な遺産である。本能寺の変の後、大溝城の城主は変遷するが、最終的に天守は解体され、水口岡山城《みなくちおかやまじょう》へ転用された。

大溝城▼JR湖西線近江高島駅から徒歩5分／国道161号高島駅口

大溝城遠望　湖面の奥が大溝城で、家並みと寺院の間に勝野津が入り込む。内湖と琵琶湖の地形を巧みに利用した水城である

乙女ヶ池と勝野津を結ぶ水路　船の利用を前提とした水城の機能が体感できる貴重な景観である

大溝城天守台石垣　安土城と同時期の石垣だが、傾斜が緩く、安土城とは異なる様相。技術の相違だろうか

長浜城 ながはまじょう

天正元年（1573）、小谷城《おだにじょう》攻防戦に勝利した信長は小谷城と湖北の支配権を羽柴秀吉に委《ゆだ》ねるが、秀吉は翌天正2年には小谷城を離れ、当時、「今浜《いまはま》」と呼ばれていた現在の長浜に城を築き始める。長浜城である。

小谷城は北国脇往還《ほっこくわきおうかん》に面し、陸路を押さえる要衝にはあるが、琵琶湖からは離れている。信長にとって、浅井長政《あざいながまさ》が領していた湖北の港を支配下に置くことは、琵琶湖を我が物にするために不可欠である。これを実現させるために、秀吉に命じ、早々に長浜城の築城に着手させたのだろう。当時、今浜自体はそれほど重要な港ではなかったが、日本海との接点としての最重要港である塩津《しおつ》と、中京との接点である朝妻《あさづま》とのほぼ中間にあり、この二つの港を支配するためには絶妙の場所にある。

長浜城は、元和元年（1615）の大坂夏の陣頃までは機能していたが、その後廃城となり、さまざまな土地利用がなされた。このため、城の縄張りは、地に埋もれ、あるいは破壊され、窺い知ることができない。ただ、琵琶湖に面し、湖水を取りこんだ水城であることは間違いない。

信長は、近江の支配権の確立と歩調を合わせるように、次々と湖岸に本格的な城郭を水城として造り始める。坂本城・大溝城・長浜城である。そして、天正4年（1576）、これらの要となる水城として、安土城の築城に着手する。

長浜城（長浜城歴史博物館）▼JR北陸線長浜駅から徒歩5分／北陸自動車道長浜ICから10分

湖上から見た長浜城　長浜城に関する記録はほとんど残されていない。現在の天守は犬山城などをモデルに再興された

秀吉を祀る豊国神社　長浜は信長の意向を受けた秀吉が整備。長浜町衆は江戸時代も秀吉を密かに祀り続けた

信長の大船

信長が琵琶湖で行った最大のイベントは、大船《おおぶね》の就航である。元亀4年（1573）五月廿二日、**佐和山へ御座を移され、多賀・山田山中の材木をとらせ、佐和山の麓、松原へ、勢利川通り引下し、国中の鍛冶・番匠・杣を召し寄せ、御大工岡部又右衛門棟梁にて、舟の長さ三十間、横七間、櫓を百挺立たせ、艫舳に矢蔵を上げ、丈夫に致すべきの旨、仰せ聞かせられ、在佐和山なされ、油断なく、夜を日に継ぎて仕り候間、程なく、七月三日、出来訖んぬ。事も生便敷大船、上下耳目を驚かす。**と、対義昭戦に備え、大船を建造する。**案の如く、**義昭が宇治の槇島城《まきしまじょう》に籠ると、完成したばかりの大船を出航させる。七月六日、**信長公、彼の大船にめされ、風吹き候と雖も、坂本口へ推し付け、御渡海なり。**もう一度大船が登場する。七月の高島攻めである。**七月廿六日、信長公御下り。直ちに江州高島表、彼の大船を以て御参陣。**

非常に興味深い記事である。まず、大船の大きさだが、約54m。

復元された信長の大船　岡部又右衛門は規格化された多数の材を集め、直線的に組み合わせ、箱船を造った。自由航行は困難だったろう

1492年、コロンブスが大西洋を横断した際に乗ったサンタ・マリア号の全長は、わずか18mである。おそらく、軍船としては当時世界最大の船だったろう。この船をわずか45日余りで完成させた。その棟梁《とうりょう》は、安土城天主の棟梁、岡部又右衛門《おかべまたえもん》である。船は、材を無理やり曲げて造る構造物で、建物大工には造れない。岡部が造ったのは水に浮かぶ箱のような構造物だった。この船が実戦の役に立ったかは、疑わしい。ただし、当時の誰もが見たことのない、**耳目を驚かす**、巨大さであったことは、間違いない。信長は、大船を琵琶湖に浮かべることにより、自分の力を視覚的に誇示しようとした。これを見た者たちは思ったことだろう。「こんなものを即座に造る者に逆らうことは無駄だ。おとなしく従おう」と。

第九章

神へのステップ

安土築城へ

　天正元年（1573）に浅井長政《あざいながまさ》を滅ぼしてて以降、『信長公記』からは近江における信長の軍事行動はほぼ姿を消す。信長は、琵琶湖と近江を手に入れた。次のステップは、「武」による日本の掌《しょう》握《あく》と、自己の「神格化」による日本の統治への道筋を付けることである。なぜ、神とならなければならないのか？　それは、神として日本に君臨する「天皇」に対抗するためである。真に日本を支配しようとするならば、天皇を排除するか、天皇以上の神威を身に纏《まと》わなければならない。天皇以上の神威を持つ神とは？

　治世者に求められるのは、仁・徳といった概念であろう。しかし、これだけでは物足りない。信長はここに「荒ぶる」力を加えようとした。荒ぶる神の力とは「自然」の力である。物を生み出し、人の命を支える自然は、一方で荒れ狂い、人の命など簡単に奪ってしまう。この二面性ゆえ、人は意識せずに自然を神として崇めている。この姿こそ、信長の求める神の姿だったのではなかろうか。

　信長は、自分に重ねる神の姿を具現化すべく、着々と行動を積み重ねる。

　とはいうものの、信長を取り巻く情勢は予断を許すものではなかった。しかし、転機が訪れる。

神々しく耀く琵琶湖　信長が目指したのは、琵琶湖に象徴される「自然」の神だった。朝日を湖面に映す琵琶湖は、まさに自然の優しさと恵みを感じさせる

天正3年（1575）5月21日に勃《ぼっ》発《ぱつ》した長篠《ながしの》の合戦《かっせん》における勝利である。この戦に勝ったことにより、

荒れ狂う琵琶湖　自然は優しいだけではない。いったん荒れ狂えば、すべてを破壊し、そして人の命も奪い取る。この荒ぶる自然の姿も、信長の求めた神威であった

東国からの脅威がほぼ払拭《ふっしょく》された。未だ道半ばではあるが、「武」による日本掌握の道筋が見えた。この段階で信長は、神へのステップを昇り始める。まず、天正3年11月28日に、

信長御家督秋田城介へ渡し進ぜらる。誠に、信長卅年御粉骨を尽され、御屋形作金銀を鏤め、星切の御太刀、是れは曽我五郎所持の太刀なり。其の外、集め置かれたる御道具、三国の重宝、員を尽し、尾州・濃州共に御与奪なされ、信長御茶の湯道具ばかり召し置かれ、佐久間右衛門私宅へ御座を移され、御父子共御果報、大慶、珍重々々。

と、武を象徴する太刀と共に、家督、さらに本拠である岐阜城と、尾張・美濃の地を長男の織田信忠《おだのぶただ》に譲った。この信長の行動は、天正10年（1582）に武田勝頼を滅ぼした直後、3月26日の、**三位中将信忠卿、今度、高遠の名城攻め落し、御手柄御褒美として、梨地蒔御腰物参られ候。天下の儀も御与奪なさるべき旨、仰せらる。**に酷似《こくじ》する。これらの信忠に対する行動は、世俗的な権威は徐々に信忠に委譲《いじょう》する。しかし、支配権は委譲するわけではない。俗の上に立つ聖的な権威の元で信忠をコントロールしつつ、日本を支配する。という信長のビジョンの具現化に他ならない。

信忠に家督を譲った信長は、時を移さず近江に赴き、佐和山《さわやま》城《じょう》に入る。そして天正4年（1576）

正月中旬より江州安土山御普請、惟住五郎左衛門に仰せつけらる。二月廿三日、安土に至つて、信長、御座を移され、先づ、御普請、御意に相ひ、御褒美として、御名物の周光茶碗、五郎左衛門に下さる。

と、安土城の築城に着手する。

飯道山《はんどうさん》から国見《くにみ》

天正9年（1581）9月、信長は伊賀《いが》を掌握する。これを受けて**十月九日、伊賀国御見物として、岐阜中将信忠、織田七兵衛信澄御同道にて、其の日、飯道寺へ、信長公御上りなされ、是れより国中の躰御覧じ、御泊り。**と、伊賀の視察に出かける。この際、飯道山《はんどうさん》に登り、**国中の躰御覧じ、**この時点で近江は完全に信長に掌握されている。にもかかわらず、信長は飯道山から近江を俯瞰《ふかん》した。そして、翌日、伊賀に入国するや、**暫時の御休息も御座なく、一宮の上に、国見山とて、高山あり。則ち、御登山候て、先づ、国中の様子御覧じ計らはる。**と、ここでも国を俯瞰《ふかん》する。これらの行為は、高所に宿る神として、見える範囲の全てを支配したことを示すセレモニー、すなわち「国見《くにみ》」として捉えることができる。

信長が登った飯道山は、湖南山地の北東端に位置する山で、修験《しゅげん》の山として広く知られ、比叡山《ひえいざん》をはじめ、近江のほとんどが眺望されるまさに国見の山である。

戦国期の甲賀《こうか》郡は、甲賀五三家とも呼ばれるほど多くの地侍《じざむらい》たちが割拠《かっきょ》し、郡中惣《ぐんちゅうそう》と呼ばれる緩《ゆる》い紐帯《ちゅうたい》の下、彼等の合議により運営されていた。その地侍たちの拠り所として選ばれたのが、神の坐《いま》す「場」である。特に飯道山は甲賀を扼《やく》する山として、地侍たちの信仰を集めてきた聖地である。ここに信長は登り、そして神に替わり、甲賀を、そして近江を見渡した。

飯道山▼JR草津線貴生川駅から徒歩3時間／新名神高速道路甲南ICから15分で登り口。徒歩2時間半。

飯道神社本殿と磐座　現本殿は近世初頭の建物。周辺には巨巌が露頭し、古い磐座に対する信仰も生き続けている

飯道寺石垣　飯道山は食の神・宇賀神と水の神・弁才天信仰が混交していたが、神仏分離令で寺は麓に降ろされた

息障寺　そくしょうじ

伊賀の国見に向かう信長が通過した道がどこかは、『信長公記』の記載には無い。しかし、伊賀一宮《いちのみや》を目指したとすれば、甲賀市甲南町杉谷から伊賀に抜ける岩《いわ》尾山道《おやまみち》を通るのが最短である。

道は望月城《もちづきじょう》、望月支城《もちづきしじょう》といった甲賀を代表する城郭群の側を通り、岩尾山へと向かう。岩尾山は、近江と伊賀の国境に聳《そび》える文字どおり巌《いわお》の山であり、山頂付近には天台宗の古刹《こさつ》、息障寺《そくしょうじ》が建つ。息障寺は、伝教大師最澄《さいちょう》が延暦《えんりゃく》寺《じ》を建立するために良材を求め、当地に来た際に建立されたと伝えられる。その際、山中にある大池に棲まう大蛇が人を悩ますため、禁龍《きんりゅう》の法を以て大蛇を退散させたことから、息障寺は、池原延暦寺とも呼ばれた。この伝説は、崇《たた》りをなす大蛇に象徴される、御《ぎょ》しきれない水の力を天台宗の力で制御したことを暗示している。

息障寺本堂の上には、室町時代に彫られたとされる、巨大な磨崖《まがい》不動明王《ふどうみょうおう》が屹立《きつりつ》し、信長を見つめていた。信長もまた、この山中にまで及ぶ水に依拠《いきょ》する、天台宗の力を再認識した。

息障寺▼JR草津線甲南駅からバス新田下車、徒歩40分／新名神高速道路甲南ＩＣから15分

岩尾池の一本杉　最澄が使った箸が芽吹きスギになったと伝わる。信長は、この傍らを通り、伊賀に向かった

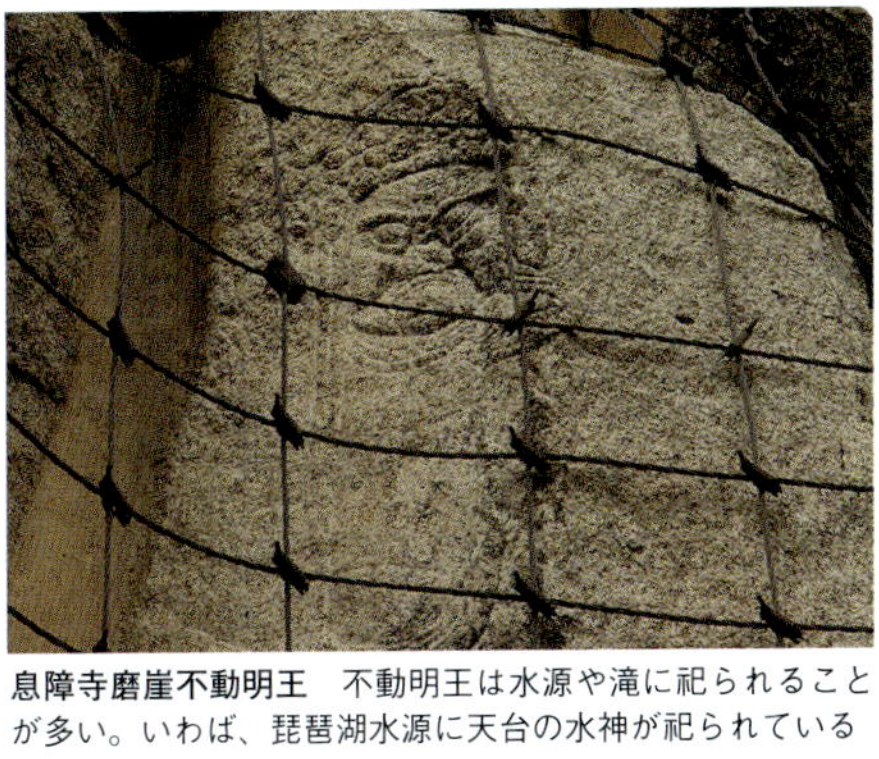

息障寺磨崖不動明王　不動明王は水源や滝に祀られることが多い。いわば、琵琶湖水源に天台の水神が祀られている

長寿寺・柏木神社
ちょうじゅじ　かしわぎじんじゃ

『信長公記』には信長が直接甲賀に赴いた記事は、天正9年（1581）の伊賀視察以外に見あたらない。しかし、彼はこれ以前から何度か甲賀に足を向け、甲賀の歴史・風土・文物を学んできたと考えられる。なぜなら、信長が、神となった自分を拝ませるために、安土城内に建立した摠見寺《そうけんじ》に甲賀の社寺の建物が移築されているからである。摠見寺三重の塔は、長寿寺《ちょうじゅじ》の三重の塔を移築した。また仁王門は、柏木神社《かしわぎじんじゃ》の門を移築した。古建築のリサイクルは、摠見寺建立を急ピッチで進めるための合理性とも考えられる。しかし、ルイス・フロイスの『日本史』には、「（信長は、摠見寺に安置するため）日本においてもっとも崇敬され、またもっとも多数の参詣者を集めている偶像を諸国から持ち来るようにと命じた」とある。

莫大《ばくだい》な富と絶大な力を持つ信長が、リサイクルなどという、姑息《こそく》な行為をするとは思えない。むしろ積極的に、自分の神的権威をさらに高めるため、近江にある由緒深い、言い替えれば神威の宿る建物を摠見寺に迎えた、積極的行為と考えたい。

長寿寺▼JR草津線石部駅からバス長寿寺下車／名神高速道路栗東ICから10分

柏木神社▼近江鉄道本線水口城南駅から徒歩25分。名神高速道路竜王ICから20分

油日神社
あぶらひじんじゃ

信長と甲賀郡を語る際、油日《あぶらひ》神社《じんじゃ》は外せない。油日神社は、油日岳を神体山《しんたいさん》として祀る、古い信仰の形を伝える神社であるが、中世においては甲賀の地侍《じざむらい》たちの

柏木神社　古称は若宮八幡で大元は比叡山の神・日吉山王を祀った。天台の霊威の宿る神門が移築された

長寿寺本堂　阿星山信仰に端を発した天台宗寺院で、大地の神・地蔵菩薩が本尊。自然信仰に由来する寺院

楼門に取り付く翼廊　楼門を中心にコの字状に取り付けられた廊である。このように床を張る事例は少ない。耳を澄ますと地侍たちの怒号が聞こえてきそうである

合議の場として重要な役割を果たしていた。合議により決せられた事項は、その場に坐す神の権威の下で確認され、履行《りこう》される。これに背《そむ》くことは、神に背くことを意味する。

　油日神社の社殿群は、楼門《ろうもん》の棟札によれば、永禄9年（1566）に現在の姿となった。信長が近江に侵攻してきたのは永禄11年である。独立性の強い甲賀郡中惣《こうかぐんちゅうそう》の地侍たちではあるが、伝統的に佐々木六角《ささきろっかく》氏に与《くみ》していた。しかし、これまで経験したことのない未曾有《みぞう》の危機が迫って来た。六角に付くか？　信長に付くか？　侃々諤々《かんかんがくがく》の議論が、完成して間もない神社の境内で交わされた。油日神社の楼門には、コの字型に翼《よく》廊《ろう》が付き、柱により小さな空間に区画することができる。この空間に郡中惣の地侍たちが坐り、談合する。油日神社は400年前の空気がそのまま残る、奇跡の空間である。

油日神社▼JR草津線油日駅から徒歩30分／新名神高速道路甲南ICから15分

本殿とマキの巨木　明応2年（1493）年の建立で、油日岳の神をはじめ3柱を祀る。マキは本殿建立前から立つ

楼門と拝殿　本殿から逆に拝殿越しに楼門を見る。油日の神の眼には地侍たちの議論はどう映ったのだろうか

鷹狩り

『信長公記』首巻「上総介殿形儀の事」に、**市川大介めしよせられ、御弓御稽古。橋下一巴を師匠として鉄炮稽古。平田三位不断召し寄せられ、兵法御稽古。御鷹野等なり。**と見え、信長は、早くから鷹狩りを好んでいたことがわかる。しかし、『信長公記』具体的に鷹狩りの記事が見えるのは、天正4年（1576）11月21日に内大臣《ないだいじん》に昇進し、天皇より御衣を拝領した翌日、**石山にて両日御鷹つかはされ、**という記事が最初である。以後、天正9年（1581）10月17日に、**長光寺山に御鷹つかはされ候。**までおびただしい回数の鷹狩りを行っている。鷹狩りの記事が登場する天正4年（1576）は、安土城の築城が開始され、信長の自己神格化への戦略が具体的に動き出す時期に符合する。

　鷹狩りとは、野生のタカを飼い慣らし、これを意のままに扱い、鳥や小動物を狩る狩猟である。日本において、鷹狩りは、単なる狩猟の技術としてではなく、権威の象徴としての意味を強く持っていた。それは、「自然に認められた者」言い換えれば「自然の神に認められた者」のみが、鷹狩りを成功させることができると考えられていたからである。すなわち、ワシ・タカという、最強の鳥を自在に扱うためには、これと心を通わせなければならない。ある意味、自然の力を象徴するものがワシ・タカであり、彼らは自然の神の力を内包している。彼らが、飼い主の意を受け、獲物を捕ることができるのは、彼等に宿る神の力による。よって、鷹狩りを成功させる者は、自然の神に認められた、という格を持つことになる。ここにおいて鷹狩りは、そのエリアを支配する者の格と正当性を示すセレモニーとなる。同時に、鷹狩りによって得られた獲物の配分を受けることは、その者の権威に従うことを意味する。

　このような視点から、信長の鷹狩りに関する記事を追ってみよう。

天正5年（1577）**霜月十八日、御鷹山猟として御参内。……御年寄衆、此の中、御鷹十四足居ゑさせられ候ひし御衆にて候なり。信長公、是れも御鷹居ゑさせられ、……京都の貴賤、耳目を驚かし候ひき。抑も、内裡、日の御門より入られ、忝くも、小御所御局の内まで、御馬廻ばかり召し列れらる。……御鷹、御叡覧の後、達智門へ出でさせられ、直ちに東山に御鷹つかはされ、**これほどの天皇に対するあからさまな示威行動があろ

湖上を飛翔するハヤブサ　野生の動物を使う狩猟は、王が備えるべき、自然を制御する「山海之政」の象徴でもあった

うか。そして、翌天正6年、正月十日、御鷹の鶴、禁中へ叡覧に備へらる、のところに、則ち、皇家に懸け置かれ、叡感ありて、御悦び斜めならず。近衛殿へも御鷹の鶴進ぜらる。と、鷹狩りで捕った、最高の獲物である「鶴」を天皇にプレゼントするという、大胆な行動に出る。しかし、天皇は、さらりとこれを受け流す、という、虚々実々《きょきょじつじつ》の駆け引きが繰り広げられた。

　天正7年（1579）七月廿五日、奥州の遠野孫次郎と申す人、しろの御鷹、進上。御鷹居石田主計、北国辺舟路にて、はる〴〵の風波を凌ぎ罷り上り、進献。誠に、雪しろ容儀勝れて、見事なる御鷹、見物の貴賤、耳目を驚かし、御秘蔵、斜めならず。と、通常ではありえない白鷹を手に入れる。そして、この鷹で度々鷹狩りを行い、これを見物させている。白鷹と信長の関係は、まさしく信長に対する自然の神の祝福であり、これを貴賤《きせん》こぞって視覚的に確認したことを示している。

　当然のことながら、近江において、たびたび鷹狩りを行う。その中で、天正8年（1580）3月15日に「奥の島山」、同年3月25日に「奥の島」で鷹狩りを行っている。よく似た地名であるが、前後の展開から、前者は長命寺一帯、後者は、琵琶湖に浮かぶ沖島を指すと考えられる。この他、長光《ちょうこう》寺山《じやま》、伊庭山《いばやま》、愛知川《えちがわ》などでも鷹狩りを行い、天正9年（1581）正月二日に、安土の町人どもに御鷹の雁・鶴を余多町〳〵へ下され、忝きの由候て、佐々木宮にて、御祝言として能を仕り、爰にて頂戴候ひしなり。と、城下に自分の力を示し、住民もこれに応えた。

第十章 神に

信長の神格化

天正4年（1576）頃から取り組まれた信長の自己神格化は、天正7年（1579）の安土城天主の竣工《しゅんこう》とともに実現したとみるべきだろう。しかし、日本に残された資料に、このことを裏付けるものはない。

当時の日本人にとって、神とはキリスト教やイスラム教の神のような絶対的な存在ではなく、「神的な」曖昧模糊《あいまいもこ》とした存在であり、信長が生きながら神になろうとした行為も、八百万《やおよろず》の神が坐《いま》す日本においては、特段、驚愕《きょうがく》すべきことではなかったのかも知れない。事実、秀吉・家康は、共に神に祀られるが、これも普通のこととして受け止められている。

しかし、当時のヨーロッパ人は、信長の行動を驚愕と嫌悪と共に記録している。ルイス・フロイス『日本史』には信長の行動が次のように記されている。「（信長は）自らに優る宇宙の主なる造物主は存在しないと述べ、彼の家臣らが明言していたように、彼自身が地上で礼拝されることを望み、彼、すなわち信長以外に礼拝に価する者は誰もいないというに至った」。さらに「自らが単に地上の死すべき人間としてでなく、あたかも神的生命を有し、不滅の主であるかのように万人から礼拝されることを希望した」

かくして、信長は神的な存在となったと認識された。しかし、その存在は宗教的な存在ではなく、あくまでも政治的な存在としての神である。そしてその目的は、「天皇という神」への対抗である。

それでは、信長はどのような性格の神になろうとしたのだろうか？　それを解く鍵は、これまで見てきた永禄11年（1568）から天正3年（1575）までの、近江における信長の行動が教えてくれる。彼は、琵琶湖とその西に聳《そび》える比叡山《ひえいざん》に拠り、絶大な権威を誇る延《えん》暦《りゃく》寺《じ》の姿を見た。そして、延暦寺が中心に据える神が、琵琶湖に棲まい水を司り、東方浄土の主として太陽をも司る、「薬師《やくし》瑠《る》璃光如来《りこうにょらい》」であることを知った。天皇という農耕神に対抗するためには、これよりも神威の高い神、すなわち「水と太陽を司る神」になるのが良い。信長が目指した神とは「薬師瑠璃光如来的な神」、言い替えれば「自然の力を象徴する神」であった。

『信長公記』に信長の自己神格化の行動は記されていないのだろうか。例えば、天正3年（1575）信長は越前に対して発令した掟《おきて》条々《じょうじょう》の末尾には、とにもかくにも、我々（信長）を崇敬して、影後にても、あだにおもふべからず。我〱あるかたへは、足をもさゝざるやうに、心もち簡要に候。……とし、信長を神と敬えと訓令している。

また、天正9年（1581）2月28日、京都において馬揃《うまぞろえ》を敢行《かんこう》する。これも、天皇に対するあからさまな軍事的示威行動である。この時の信長の様子を花やかなる御出立、御馬場入りの儀式、さながら、住吉明神の御影向も、かくやと、心もそゞろに、各、神感をなし奉り訖んぬ。と、信長を住《すみ》吉明神《よしみょうじん》、その本地は薬師如来に喩《たと》えている。

そして、信長は自分の馬印に日傘を採用する。日傘とは太陽の恵みを受ける王者の象徴であり、信長の象徴として誠にふさわしい。

琵琶湖という水世界の象徴を手に入れた信長であったが、もう一つ手に入れなければならないものがあった。天正10年（1582）、信長は甲斐に侵攻し、武田勝頼《たけだかつより》を滅ぼすと、3月26日、信忠《のぶただ》に、天下の儀も御与奪なさるべき旨、仰せらる。と、世俗的権威を譲渡する。そして、4月12日、富士山を見て御くるひなされ、富士山御覧じ候、信長は、富士を手に入れ狂喜乱舞した。ここにおいて、琵琶湖と富士、自然の神の象徴をすべて手に入れ、彼は神となった。

安土山から昇る朝日　400年前、この朝日を受け安土城天主が燦然と光り輝いていた。その中に信長神が坐す

信長と薬師如来

信長は、薬師如来的な神になろうとした。この発想の素地は、信長の精神の中で既に形成されていた。信長が意識した薬師如来とは、既に触れたように「水神」であり「太陽神」である。そして、神仏習合の過程で、薬師如来は「素盞《すさの》嗚命《おのみこと》」と、さらに「牛頭天王《ごずてんのう》」とも同体であるとされた。両者は強大な力を持つ疫病神《えきびょうしん》であり、全国に数多くある祇園社《ぎおんしゃ》、天王社《てんのうしゃ》に祀られる。信長の祖先は、越前の織田《おた》劔神社《つるぎじんじゃ》の神官であり、後に信長はこの神社を氏神として保護する。この祭神は素盞嗚命である。少年時代の信長は、**天王坊と申す寺へ御登山なされ**、と、牛頭天王を祀る津島天王社《つしまてんのうしゃ》で教育を受けている。また、尾張時代には熱《あつ》田神宮《たじんぐう》を崇敬しているが、この祭神は素盞嗚命である。このように信長には、牛頭天王・素盞嗚命・薬師如来に対する理解が蓄積されていた。そして琵琶湖と、薬師如来を祀る比叡山延暦寺を見た。信長にとって、この二つの持つ聖的な価値、そして俗的な価値を理解することは容易なことであった。「この二つの価値を己の中に取りこみ神に昇華させる」そして、神となった自分自身が坐《いま》す聖地を創造しなければならない。それは、聖的には、薬師如来の聖地として意識されている土地であり、俗的には、湖上交通・陸上交通を掌握できる土地であり、軍事行動を起こすに便利な土地である。そして琵琶湖に接する土地であることが、絶対的な条件となる。こうして選択された無二の土地が安土山であった。安土に関しては、永禄13年（1570）2月、越前への侵攻

織田劔神社の神紋　福井県越前町織田にある越前二の宮。神紋は織田家に近い木瓜紋

津島神社の神紋　愛知県津島市にある津島神社は牛頭天王の総社。神紋は織田家に近い木瓜紋である。信長は牛頭天王に染まっていた

作戦を敢行すべく上洛する際、**廿六日常楽寺まで御出でなされ、御逗留。三月三日に江州国中の相撲取を召し寄せられ、常楽寺にて相撲をとらせ、御覧候。……三月五日御上洛、**と約1週間ほど安土に滞在している。この間、信長は安土周辺を見聞し、ここに将来の拠点を置くことを決意したのだろう。そして、ここで唐突に相撲を開催する。相撲とは、四股《しこ》を踏むことにより大地の神を鎮める神事の奉納にほかならない。

さて、信長が本拠として定めた安土山であるが、安土城以前の姿は、安土城の築城により破壊されたため、窺い知ることはできない。しかし、城内から白鳳期《はくほうき》の瓦が出土することから、安土山は、古くから寺院が建立されていた聖地であった。また、安土山のほぼ中央は薬師平《やくしだいら》と呼ばれ、その縄張りは天台系の山寺の構造に酷似する。ここに祀られていた伝教大師様《でんぎょうだいしよう》の薬師如来立像が、JR安土駅に程近い湖見堂《こけんどう》に今なお祀られていること、さらに、山内に薬師如来に関係する、岩駒祇園社《やのこまぎおんしゃ》・石部《いそべ》神社《じんじゃ》が今も祀られていることを考えれば、信長入城前から安土山は薬師如来の聖地として崇められてきていたと考えられる。ここに、信長は新たな神として座を定めた。

湖見堂（上）湖見堂薬師如来（下）　安土城の薬師平に安置されていたという薬師如来を祀る小堂。薬師如来は木造の立像で、最澄が自刻し根本中堂に安置したという、延暦寺の根本如来と同じ形態を持ち、延暦寺との深い関わりを暗示させる。湖見堂という名称も、琵琶湖と薬師如来の関係を明確に語る

（湖見講提供）

竹生島　ちくぶしま

信長が目指した「薬師如来的な神」は、琵琶湖の神威を纏《まと》った神である。と、するならば、もう一人の琵琶湖の神も取りこまなければならない。その神とは竹生島《ちくぶしま》弁《べん》才天《ざいてん》である。信長はその弁才天を自ら安土城に勧請《かんじょう》する。天正9年（1581）**四月十日、信長御小姓衆五、六人召し列れられ、竹生島御参詣。長浜の羽柴筑前所まで御馬にめされ、是れより海上五里、御舟にて御社参。海陸ともに片道十五里の所を、日の内に上下三十里の道、御帰城なさる。希代の題目なり。併しながら、御機力も余人にかはり、御達者に御座候ところ、諸人感じ奉り候なり。**記事はこの後、信長は秀吉の所に一泊するだろうと安心し、二の丸、桑實《くわのみ》寺《でら》まで遊びに行った女房たちを成《せい》敗《ばい》した話に続く。この逸話は、信長の残虐性を語る際によく引用されるが、それは付随的な事象であり、本質は竹生島弁才天の勧請にある。城内に琵琶湖を司る女神を迎えることにより、琵琶湖を支配する男性神としての信長の神威は完全なものとなる。女神の力を衰えさせることなく安土城に迎えるためには、途中での停滞は許されない。この衝動が超人的な行動となって現れた。これを成し遂げ、聖・俗共に琵琶湖を支配したという、高揚《こうよう》した気分で帰城した時、女房たちの歓楽を知り、信長は逆上した。「儂《わし》の想いを理解せぬのか！」この際、勧請された弁才天は、後に摠見寺《そうけんじ》に祀られていたことが記録に残されている。

竹生島▼JR北陸線長浜駅から徒歩7分で長浜港、定期船30分／北陸自動車道長浜ICから10分で長浜港、定期船30分

竹生島　元亀3年（1572）の攻撃は、竹生島が長政に与したためであり、弁才天への信仰とは別次元の行動

弁才天坐像　竹生島弁才天は、湖北の女神・浅井比売、仏教の水神・弁才天、五穀を司る宇賀神の習合

桑實寺　くわのみでら

竹生島弁才天を勧請に赴いた信長の留守中、女房たちが参詣《さんけい》に行った寺院が桑實寺《くわのみでら》である。或ひは、桑実寺薬師参りもあり、御城内は、行きあたり、帳へ焦れ、仰天限りなし。則ち、くゝり縛り、桑実寺へ、女房ども出だし候へと、御使を遣はされ候へば、御慈悲に御助け候へと、長老詫言申し上げられ候へば、其の長老をも、同時に御成敗候なり。と、信長の逆鱗《げきりん》に触れた女房は元より、仲裁に入った桑實寺の長老まで殺してしまった。この記事から様々なことが窺える。まず、桑實寺は、天台宗の寺院であり桑実寺薬師参りとあるように、薬師如来を本尊としている。縁起によれば、天智天皇の阿部皇女《あべのみこ》が病に倒れた際、八方手を尽くしたが快復しない。万策尽きて琵琶湖に祈ると湖中から忽《こつ》然《ぜん》と薬師如来が湧出《ゆうしゅつ》し、たちまちに皇女の病を癒し、繖山に降臨した。この薬師如来を祀ったのが桑實寺である。つまり、桑實寺は琵琶湖から出現した薬師如来の聖地であり、信長にとっても自己神格化を進める上で、重要な意味を持っていた。自分に楯突《たてつ》いた長老は容赦なく成敗された。しかし、桑實寺自体が破却されたわけではなく、現在まで法灯を継いでいる。信長が天台宗の寺院を全て焼き尽くしたというのは神話であり、あくまでも、世俗的に抗した宗教者を排したに過ぎない。この行動は、比叡山の焼討ち、百済寺の焼討ちにも共通する文脈である。

桑實寺▼JR琵琶湖線安土駅から徒歩40分／名神高速道路八日市ICから15分で登り口、徒歩15分

桑實寺本堂　信長の支配した安土に残る天台の古建築。信長の天台宗排斥が単なる神話であることを物語る

桑實寺への参道　12代足利将軍義晴が仮幕府を置いた場所。信長の上洛戦に従った足利義昭もここに着陣した

常楽寺港とセミナリオ

なぜ、信長が安土に着目したのか？　それは聖と俗を兼ね合わせた琵琶湖戦略を実現させ得る拠点が、安土しかなかったためである。聖の視点はすでに触れた。俗の視点は、信長がたびたび利用している、常楽寺港《じょうらくじこう》に象徴される湖上交通の要所としての価値である。当時、最も有効な運輸手段は船だった。内湖《ないこ》を介して琵琶湖とつながる常楽寺は、琵琶湖と伊勢、そして大和を結ぶ結節点として重要な役割を果たしてきた。それゆえ、ここに滋賀県最大の前方後円墳である安土瓢箪山《あづちひょうたんやま》古墳が築造される。

さらに、信長は陸の要路である中山道《なかせんどう》を下街道《しもかいどう》として城下に引き込み、水陸両面での物流を支配しようとした。信長の政策により、安土城下は首都としての賑わいを見せ始めた。

そしてここに異彩を放つのが、西洋神の神殿である。信長と神との関係を考える際、キリスト教との関係が思い浮かぶ。先に引用したように、宣教師たちの記録には信長と宣教師たちの濃密な交流が記録されている。一方、『信長公記』には、天正8年（1580）**閏三月十六日、…安土御構への南、新道の北に江をほらせられ、田を塡めさせ、伴天連に御屋敷下さる。**と、城下整備の一環として宣教師たちにも、家臣たちと同様に屋敷地を与えている。そして、天正9年（1581）**十月七日、…愛智川辺に朝鷹つかはされ、御帰りに、桑実寺より直ちに新町通り御覧じ、伴天連が所へ御立ち寄り。爰にて、御普請の様子仰せ付けらる。**と、宣教師たちの元に立ち寄り、セミナリオ（セミナリヨ）

常楽寺港　常楽寺港は明治時代までは大いに賑わっていた。しかし、陸上交通の発達は、その役割を奪い、現在では常浜公園としてその名残を留めている

の建築のための造成工事を命令する。そして、**十月廿日より、伴天連、北南に二通り、新町・鳥打へ、取り続き立てさせられ候はん由候て、御小姓衆・御馬廻衆へ仰せつけられ、足入沼を填めさせ、町屋鋪築かせられ、御普請これあり。**と、内湖の造成工事が着工された。こうして建てられたセミナリオについて、『信長公記』は語らないが、ルイス・フロイス『日本史』には次のような記述がある。「金の飾りこそ持たなかったが、信長が彼の城に用いたのと同じ瓦の使用を、特別な恩典として我らの修道院に許可したことは、他のいかなる者も、[我らの教会を別として]瓦で屋根を掩うことを許さなかったので、我らが安土山に修道院を建築する目的にいっそうかなうものであった。我らの修道院は高く、三階建で適度に長かったので、全ての家屋の中で聳え立っていた」と語っている。かなりの誇張《こちょう》はあるだろうが、セミナリオが安土城に程近い一等地に建築され、城下において優遇された存在であったことは間違いないだろう。

　このキリスト教に対する対応が、宗教としてのキリスト教に対する優遇と考えるのは早計だろう。信長にとって、宣教師は、異国の神が、自分の為に物心《ぶっしん》共に仕えている程度の認識だったろう。そして、信長は、宣教師との交流により、自分を起点に、日本人に新たな驚きが生まれることを、計算したのではないだろうか。宣教師は信長を利用しようとした。信長は、キリスト教を利用した。

常楽寺港▼JR琵琶湖線安土駅下車徒歩7分／名神高速道路八日市IC下車15分

セミナリオ▼JR琵琶湖線安土駅下車徒歩8分／名神高速道路八日市IC下車15分

セミナリオ（セミナリヨ）跡　城下町と安土山の東まで入り込んだ内湖が接するところにある。壮大な天主が建つ安土山に接するように、異国的なデザインの重層建物が放つ景観は、当時の日本人を驚かせるに十分だったろう

奥石神社 おいそじんじゃ

　古来中山道《なかせんどう》の名所として名高い老蘇森《おいそのもり》に鎮座する古社で、天児《あめのこ》屋根命《やねのみこと》という国家神を主祭神とするが、元々は、繖山《きぬがさやま》に建つ観《かん》音正寺《のんしょうじ》の奥の院を祀る里宮として始まった神社であると考えられる。古くは「鎌宮《かまのみや》」と呼ばれていたが、大正13年（1924）に現在の社名に替わった。「鎌宮」の語源には諸説あるが、蒲生郡《がもうぐん》の中心的な神社であることから、「がもう」が訛り、「鎌」になったのだろう。

　観音寺城が築城された繖山の麓に鎮座することから、佐々木六角《ささきろっかく》氏の篤い崇敬を受けていた。六角氏を滅ぼした信長であるが、この神社を排することなく、現在の本殿を寄進したと伝えられる。

　本殿は、大規模な前室付三間社《ぜんしつつきさんげんしゃ》流造《ながれづくり》で、天正9年（1581）に建立された。安土城天主の竣工が天正7年であるから、同時期の建物である。神社建築ではあるが、仏堂的な組み物を多用し、随所に彫刻を施すなど、豪華に飾られた、安土城とも共通する、信長の時代の気分をよく伝える建物である。

　信長は、繖山にある寺院に対し迫害を加えることはなく、むしろ保護している形跡がある。この神社本殿が信長の寄進によるか否かは別として、安土城の足下で、新たな社殿の建築が行われていることを認めていることは間違いない。繖山は安土山の背後にあり、安土山を笠のように覆い護る山である。信長にとって、積極的に護るべき山だったのかもしれない。

奥石神社▼JR琵琶湖線近江八幡駅からバス老蘇小学校前／名神高速道路八日市ICから13分

奥石神社本殿　老蘇森に鎮座する。往来の途中、あるいは鷹狩りの途中に、信長もこの社殿を拝しただろう

奥石神社参道　本来であれば、本殿の向こうの繖山にある観音正寺の奥の院を仰ぐ。勧請縄が印象的である

沙沙貴神社　ささきじんじゃ

安土山と繖山の双方を望む森の中に鎮座する神社である。その名が示すように佐々木六角氏の氏神として篤《あつ》い崇敬が寄せられていた。現在の社殿群は、天保《てんぽう》年間に焼失したものを江戸時代中期から後期にかけて再建した姿である。信長にとって、厄介な敵である六角氏の氏神であるから、当然排除すべきであるが、それをしていない。その理由は祭神にあると考えられる。沙沙貴神社《ささきじんじゃ》の祭神は、佐々木氏の祖先神と少彦名神《すくなひこなのみこと》である。この神は出雲神話《いずもしんわ》に登場する、大《おお》国主命《くにぬしのみこと》の国造りを支えた、海の彼方からやって来た神で、人に初めて薬による治病《ちびょう》を教えた神とされている。海・治病という性格からか、この神の本地は薬師如来とされている。信長にとって、沙沙貴神社は、排除した敵の祖先神を祀る神社であると同時に、自分が崇敬する薬師如来を祀る神社でもあった。

　現在の沙沙貴神社は、春の火祭りとともに、四季折々に開く、ナンジャモンジャをはじめとする珍しい花の咲く神社としても訪れる人が多い。

沙沙貴神社▼JR琵琶湖線安土駅から徒歩5分／名神高速道路八日市ICから15分

沙沙貴神社神紋　佐々木氏の祖先を祀る神社であるから、神紋は四つ目菱である

境内にある呑穴の庭園　呑穴は幕末・明治の作庭家。豪快な立石を配した型式にとらわれない庭園

ナンジャモンジャの花と楼門　四季折々に咲く花を求めて多くの人たちが訪れる

石部神社　いそべじんじゃ

　城下から摠見寺《そうけんじ》を経由して天主に至る、信長への参道ともいうべき道が、百々橋道《どどばしみち》である。

　城内を通るこの道の傍《かたわ》らに石部《いそべ》神社《じんじゃ》が鎮座している。創始は不明であるが、延喜式内社《えんぎしきないしゃ》とされることから、安土城築城以前からこの地にあった。防御施設である城郭内に、不特定多数の人間が出入りすることを前提とする神社が建っていることは、実に不可解である。

　しかし、その祭神を知れば、納得できる。石部神社の祭神は、沙沙《ささ》貴神社《きじんじゃ》と同様に、少彦名神《すくなひこなのみこと》、すなわち薬師如来である。事実、この神社には平安時代に刻まれた、薬師如来の本地仏《ほんじぶつ》が伝来している。神社の足下には西《にし》の湖《こ》の水面が広がる。海から渡り来た小彦名命を祀る、誠にふさわしい場所である。

　信長が目指した神は、西洋的な絶対神ではない。八百万《やおよろず》の日本の神の一員であるが、抜きん出た神威を持つ神である。よって、自分と同格ともいえる薬師如来を祀る神社が城内にあることも、自分の神格化の正当性と、神威を示す上で必要と判断したのであろう。天主から石部神社を見下ろし、信長は呟く。「我が分身のこの神を拝せ。我はこの神の上位に坐《いま》す」

石部神社▼JR琵琶湖線安土駅から徒歩12分／名神高速道路八日市ICから15分

薬師如来坐像　薬師如来の姿を借りた少彦名神。無彩色の技法が神としての出自を物語る（石部神社提供）

石部神社　百々橋道の石段を登り始めると、まもなく石部神社に着く。麓から摠見寺までの間は、城内の城下ともいうべき空間だった

石馬寺　いしばじ

信長の神に対する思想が窺える話がある。舞台は石馬寺《いしばじ》である。

天正8年（1580）三月廿日、無《む》辺《へん》と申す廻国の客僧、石馬寺、栄螺坊が所に、暫時、居住仕り候。連々奇特不思議ある由、下〳〵の者承り及び、分〳〵の心ざしを捧げ、丑時大事の秘法をさづかり候と申し、昼夜群集候て、男女門前に立ち暮らす由に候。信長公、無辺の事、連々聞こしめし及ばれ、其の仁体を御覧なされたきの旨、仰せ出だされ、栄螺坊、無辺を召し列れ、安土御山へ参り候。則ち、御厩へ出御なされ、一々御覧じ、御思案の様体なり。客僧の生国は何くぞと、御尋ねあり。無辺と答ふ。亦、唐人か天竺人かと、御意候。唯、修行者と申す。人間の生所三国の外には不審なり。さては、術物にてあるか。然らば、炙り候はん間、火の拵へ仕り候へと、御諚のところ、御一言に迫り、出羽の羽黒の者と申し上げ候。と、その正体を暴く。更に信長は、人に施したという奇跡を顕すよう無辺に迫る。奇特を見せ候へ〳〵と、御諚のところに、更に其の詮なし。惣別、奇特不思議のある人は、貌より眼色まで、人物も人に勝れてたふとき物に候。和人は山賤には身の鄙しき事乏れり。女童どもをたらし、国土の費えをいたし、曲事なり。此の上は、無辺に恥をかゝせ候へと、「奇特（霊験《れいげん》をあらわすこと）」が存在することは認める。しかし、これを顕すのは「格」を持った者でなければならない。自分（信長）はこれを持つ。という、強烈な信長の意志が読み取れる。

そして、なぜ無辺をのさばらせたのかと、石馬寺に尋ねる。栄螺坊は、何とて、御城廻りに、か様の徒者を置き申すと、御尋ね候ところに、石馬寺御堂の漏れを止め申したき為に、勧進として暫時の間を置き申す由、言上候へば、銀子三十枚、下され候。と、問題の原因を解決するとともに徳を示した。

石馬寺への参道　石馬寺は当時、天台宗寺院。信長は俗なる抵抗者は排したが、寺院自体は保護していた

石馬寺▼JR琵琶湖線能登川駅からバス石馬寺下車、徒歩15分／名神高速道路八日市ICから15分

第十一章

「信長神の神殿」安土城

神格化の集大成

天正4年（1576）正月中旬より江州安土山御普請、惟住五郎左衛門に仰せつけらる。二月廿三日、安土に至つて、信長、御座を移され、先づ、御普請、御意に相ひ、御褒美として、御名物の周光茶碗、五郎左衛門に下さる。忝き次第なり。御馬廻、御山下に各御屋敷下され、面々、手前〳〵の普請申しつけらる。四月朔日より、当山大石を以て、御構への方に石垣を築かせられ、又、其の内には天主を仰せつけらるべきの旨にて、尾・濃・勢・三・越・若州・畿内の諸侍、京都・奈良・堺の大工・諸職人など召し寄せられ、在安土仕り候て、瓦焼唐人の一観相添へられ、唐様に仰せつけらる。観音寺山・長命寺山・長光寺山・伊場山、所々の大石を引き下し、千、二千、三千宛にて安土山へ上せられ候。当時の信長の領国を総動員して安土城の築城が始まった。何万もの人間が安土山に取り付き、山を改変していった。そして、天正7年（1579）五月十一日、吉日に付きて、信長、御天主へ御移徙。とあるから、この時に天主が完成し

盂蘭盆会にライトアップされた安土城と摠見寺　天正９年（1581）７月15日、信長は安土城をライトアップする。これは、信長神とその神殿に対する聖火の奉賽であった（近江八幡市文化観光課提供）

たのだろう。

わずか三年半余りで、地盤の造成と石垣築造、そして天主の建築を終えたことになる。天主の規模は、約30ｍ、その下に天守台の石垣が建つことから、総高50ｍ近い高層建造物ということになる。安土山の比高差が約１００ｍであるから、山の高さの半分の人工構造物が、まさに、突然出現した。しかも、天主に至る山肌はほぼ全面が石垣に覆われている。高さ１５０ｍにも及ぶ人工構造物である。この景観を目の当たりにした当時の人たちの驚愕は計り知れないものがあったに違いない。「人のなせる技ではない」

信長は、自己神格化の集大成として安土城を築城した。そして、彼はここに住した。と、するならば、安土城天主は、その字のごとく「信長神の神殿」ということになる。

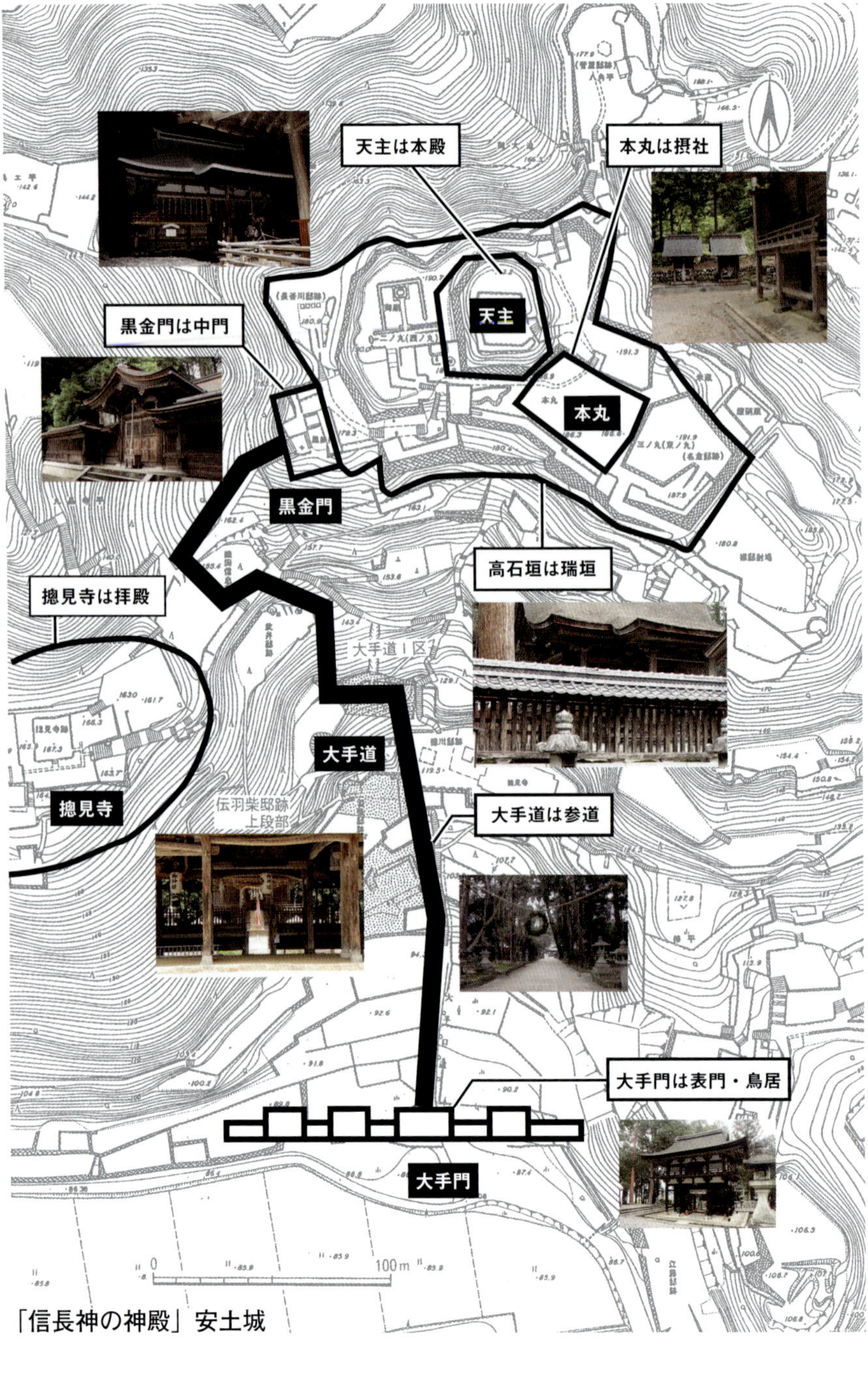
天主は本殿
本丸は摂社
天主
黒金門は中門
本丸
黒金門
高石垣は瑞垣
摠見寺は拝殿
大手道Ⅰ区
大手道
伝羽柴邸跡
上段部
摠見寺
大手道は参道
大手門は表門・鳥居
大手門
0
100m

「信長神の神殿」安土城

大手門　発掘調査の成果を元に復元。4ヶ所のうち、いずれかが天皇の行幸を仰ぐために造られた門であろう

大手道　その構造は、大手門・天主と一体のものと理解すべきだろう。視覚的に権威を誇示する戦略である

大手道《おおてみち》・大手門《おおてもん》

　安土城の前面の発掘調査の結果、思いもかけない城の姿が現れた。まず大手門《おおてもん》である。大手門は、城の最初の防御施設であるから、門の数は少ない方が、そして、防御のため、門の前後の通路を屈曲させるのが良い。ところが、大手から4ヶ所もの門が現れた。しかもそのうち3ヶ所までが屈曲のない平入《ひらい》り構造である。大手門を通ると大手道となる。大手道も、防御を考えれば狭く、折れ曲げるのが良い。しかし、安土城の大手道は幅約6m、しかも約120mも真っ直ぐに伸びる。大手門といい、大手道といい、まるで防御を考えていない。しかし、その景観性は抜群である。大手門に立つと、比高差100mの山上に天主が見える。大手道を進むと、覆い被さるようにそそり建つ天主の放つ圧倒的なオーラが容赦なく身を貫く。

　安土城の構造は二重構造になっている。後述する黒金門《くろがねもん》より上は、信長神が坐《いま》す閉鎖された空間であるが、黒金門までは、信長神を拝する参道的な、開かれた空間として理解すべきだろう。天主は最高所にあり、ここに向かって求心的に城内路、郭《くるわ》が配置されている。まさに絶対的な信長の権威を視覚的に見せつける構造といえよう。特に、大手の構造は、山肌をおおう石垣をはじめ、この視覚的効果が最も劇的に計算されている。誰に対する効果を狙ったのか？　それは、近い将来安土城への行幸《ぎょうこう》を仰ぐ天皇しか考えられない。

安土城▼JR琵琶湖線安土駅から徒歩15分／名神高速道路八日市ICから17分

摠見寺　そうけんじ

城内に七堂伽藍《しちどうがらん》を備えた本格的な寺院を建立した事例は、安土城を除きほとんどないだろう。ルイス・フロイスの『日本史』には次のように記されている。「偉大な当日本の諸国のはるか彼方から眺めただけで、見る者に喜悦と満足を与えるこの安土の城に、全日本の君主たる信長は、摠《そう》見寺《けんじ》と称する当寺院を建立した。当寺を拝し、これに大いなる信心と尊敬を寄せる者に授けられる功徳と利益は以下のようである」と以下、無《む》病《びょう》息災《そくさい》、富貴《ふうき》延命《えんめい》、子孫《しそん》繁《はん》栄《えい》といった現世利益《げんせりやく》を記している。この現世利益は、『薬《やく》師経《しきょう》』に説く、「薬師《やくし》十二《じゅうに》大願《たいがん》」に酷似しており、ここにも薬師如来を意識した信長の戦略が見える。

摠見寺が、信長を拝するために建立された。とするならば、信長神を拝する者は、摠見寺までは自由に出入りできたことになる。しかし、摠見寺背後の黒金門《くろがねもん》からは、閉鎖された信長の空間となる。このような空間利用を考えれば、摠見寺は寺ではあるが、信長神を拝するための「拝殿」もしくは、天主とともに信長を祀る「神宮寺」的な役割を持っていたのだろう。摠見寺の背後には、見る人を圧倒するように天主が聳《そび》えていた。

『信長公記』には次のような記事が見える。天正9年（1581）七月十五日、安土御殿主、幷びに、惣見寺に挑灯余多つらせられ、御馬廻の人〳〵、新道・江の中に舟をうかべ、手〳〵に続松とぼし申され、山下かゞやき、水に移りて、言語道断、面白き有様、見物群集に候なり。と、城内のライトアップを紹介している。この記事は、信長のはで好きを紹介する際によく引用されるが、信長の意図は、ライトアップは神となった自分に対する聖なる灯火の奉賽、琵琶湖の神からの灯火の奉賽、すなわち「龍灯《りゅうとう》」の演出だったのだろう。

摠見寺三重塔　江戸時代後期の火災で本堂等は焼失したが、三重塔は免れた。この塔は、神殿に居ます信長と、これを拝する民を見続けた

黒金門　くろがねもん

麓から、息を切らせて天主に向かい石段を登る。眼前に黒金門《くろがねもん》の石垣が飛び込む。「巨大だ」。ここまで見てきた石垣と全く異なる。**大石を選び取り、小石を選び退けられ**、とある大石をふんだんに使った構えである。門の構造は山《さん》下《げ》の平入りとは異なり、完璧な食《くい》違《ちが》い虎口《こぐち》となり、幾重にも門扉《もんぴ》がはめ込まれる。

黒金門　巨石をふんだんに使った虎口。現在は石垣だけだが、当時は、前面にかかる櫓門と、石垣上に乗る多聞櫓で防御を固めていた

　黒金門より奥には、二の丸・三の丸・本丸・そして天主と主要な建物が連なり、石垣と重層建物を使った、立体的な防御が可能となる。この防御を突破するためには、多大な犠牲を強いられることになるだろう。しかし、結果として安土城は、あっけなく炎上した。山頂にある建造物群に対し、軍事施設としての防御性を否定することはできない。しかし、安土城の構造からは、軍事性以上に、神格化された信長に対する祭祀空間的な要素を強く感じる。

　安土山全体が、信長神を祀る神社である。神門《しんもん》・鳥居（大手門）を潜り人々は拝殿（摠見寺）にいたり、信長神を拝する。しかし、本殿（天主）の廻りは、瑞垣《みずがき》に相当する黒金門と、ここに連なる高石垣により厳重に結界される。この中に入ることができるのは、特に、神（信長）に許された者と、神に仕える神官（近習衆《きんじゅうしゅう》）だけである。そして、本殿（天主）に立ち入ることが許されるのは、さらに選ばれた者と、神に奉祀する者（女房《にょうぼう》と家族）だけとなる。

黒金門を抜けると二の丸の石垣　行く手を遮り、門が阻む。攻撃を断念させるほど厳重な結界は、聖と俗の結界でもある

本丸
ほんまる

安土城内で最も広い空間が本丸である。発掘調査によれば、本丸の建物は、清涼殿《せいりょうでん》の建物に酷似しているという。信長は、安土城に天皇の行幸を仰ぎ、ここで天皇との対決を行おうとしていた。天正10年（1582）正月、信長はこの対決の舞台を一族、諸大名に公開する。御一門歴〳〵なり。其の次、他国衆。各階道をあがり、御座敷の内へめされ、悉くも、御幸の御間拝見なさられ候なり。続いて御馬廻・甲賀衆が招き寄せられ、御幸の御間拝見仕り候へと御諚にて、かけまくも忝き、一天万乗の主の御座御殿へ召し上せられ、拝濫に及ぶ事、有りがたく、誠に生前の思ひ出なり。そして御幸の間に向かい、皇居の間と覚しくて、御簾の内に一段高く、金を以て瑩き立て、光り輝き、衣香当りを撥ひ、四方に薫じ、御結構の所有り。この記述から判断すれば、太《おお》田《た》牛《ぎゅう》一《いち》レベルの家臣にまで本丸を公開したことになる。そして、本丸に天皇の御座所《ござしょ》があることを全員が確認した。「儂《わし》は、この場で天皇と闘い、勝つ。その舞台を脳裏に刻み込め」。この後、信長は全員から礼銭として百文《ひゃくもん》を自ら受け取る。あたかも賽銭《さいせん》を受けとるがごとく。

猛火に焼かれ崩れた本丸の礎石

本丸跡　天皇と信長は、この本丸で対面する。しかし、この空間の主は「御幸の間」に坐す天皇である。信長は甘んじて御座の下に伺候するだろう。しかし、それは真の闘いの前哨戦にすぎない

天主　てんしゅ

本丸の北東に天主が建つ。その天主の基礎をなす構造物が天主台《てんしゅだい》である。天主の建物自体は、安土城以前にもその事例はある。しかし、完全に石垣で固めた天主台に建つ天主は、安土城が最初であろう。そもそも、城郭の天主に天主台が必要なのだろうか。城郭の建物を重層化し、立体的な防御を図るためには、建築の重量に耐え得る基礎構造が必要となる。しかし、この基礎構造として、天主台を築造する必要はない。そもそも、安土城のような山城において、基礎を高くしてまで、建物を高層化する必然も感じられない。

安土城の天主造営の際、「蛇《じゃ》石《いし》」という巨石を一万余の人数をもって天主まで引きあげた。この蛇石は磐座《いわくら》であり、これを覆うように人為の磐座として天主台の石垣を築いた。信長は、天主という神殿、すなわち信長神の座を石垣で荘厳《しょうごん》したのである。高い基礎が必要なのではなく、人為の磐座を必要とした。そして、結果として、高い石垣で覆われた基礎構造が天主台として出現した。

安土城の天主台は、現存高約11mで、本来はもっと高かったと考えられる。この上に信長神の神殿である、30mを超える天主が建つ。信長の神座《しんざ》は6階・7階部分である。信長の座は建物基礎から25m前後、天主台の裾からは35mを超える高さに位置する。ここに信長神が坐し、そして見下ろす。その視線の先に坐す者は……。

本丸から天主台を見る　本丸基礎の高さから立ち上がる天主台の高さは11m以上。平屋の本丸の屋根よりも石垣（磐座）は高く聳えていた

天主穴蔵付近から本丸を見下ろす　天主は地下に穴蔵を持ち、その入口は天主台の途中にあった。ここから見ても高さの違いを感じる

天正10年Xデー

天主という神殿に坐《いま》す信長神の視線の先にあるのは、言うまでもなく天皇である。

信長は、安土城に天皇の行幸を仰ぐべく準備を重ねてきた。天皇を安土城に迎えることの意味は、表面上は臣下として天皇に礼を尽くす様態に見える。しかし、信長の真意は、安土城において天皇と対決し、勝つことにあった。対決とは暴力を伴うもの、政治力を伴うものではなく、視覚的に、信長神が天皇の上位にあることを明確に示すことにあった。

天正10年（1582）Xデー。天皇は信長の要請に抗しきれず、安土城にやってくる。天皇のために用意された門をくぐると、眼前にそそり建つ天主が迎える。天皇のために用意された広く清浄な道を通り、清涼殿《せいりょうでん》を模した本丸御殿に入る。そこには、おそらく、御所にある真の御座よりも豪華な座が天皇のために用意されている。天皇はここに坐し、信長は伺候《しこう》する。儀礼が終わり二人の神は別れ、信長神は、本来の座に戻る。天皇の座よりも遙か上方にある座に。

この有様を、国中の者たちが見つめている。天皇の上に坐す者、いや神が現れた。その神が真の統治者であることを認識し、考える。「あの神に抗することは無駄だ。生きながらえるためには、臣従する選択しかない」と。そして、日本中にそう想わせ、戦わずして日本を掌握することこそ信長の真意だった。

しかし、天正10年6月2日。本能寺の変が起こる。

安土城天主復元　復元案は複数あり未確定だが、近世城郭とは異質な華麗さであったことは間違いない
（近江八幡市文化観光課提供）

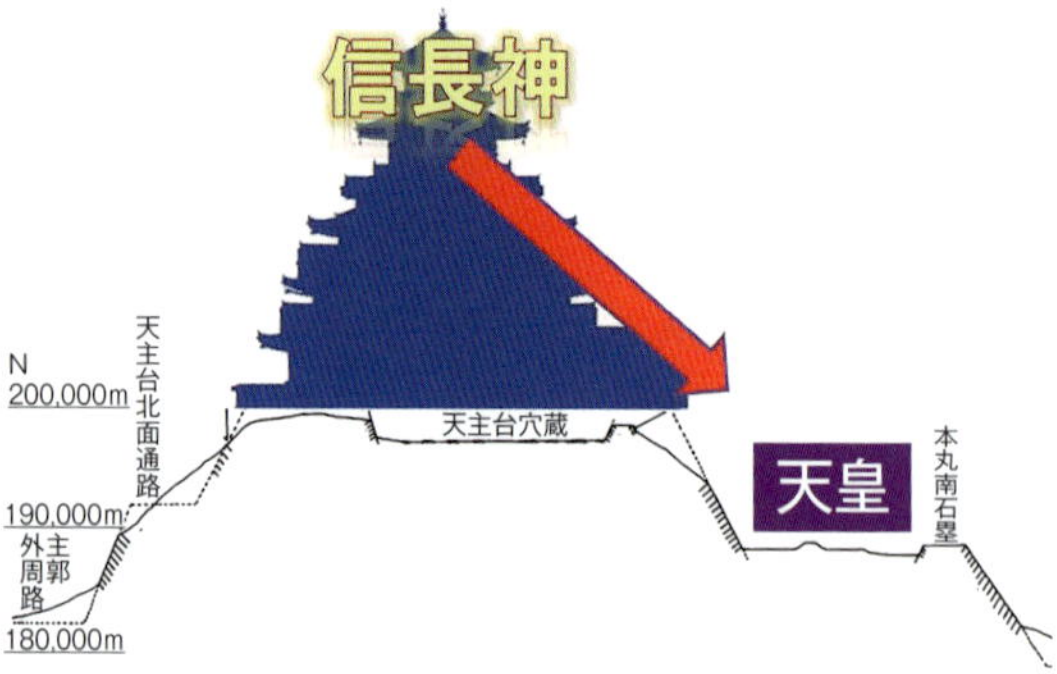

信長vs天皇　本丸から天主を結ぶ断面図に、天主のイメージを重ねた。圧倒的な高度差を以て、信長の視線が天皇の頭上に突き刺さる

天主の意味するもの

日本の城郭のイメージは、天主（天守）のイメージであると言っても過言ではない。その天主を最初に造った者が織田信長である。信長以降、武家たちは営々と、天守が建つ城郭を造り続けた。しかし、安土城の天主とそれ以降の天守はその持つ意味合いはまったく異なる。安土城天主は、織田信長という武将が「信長神」ともいうべき神となり、日本に君臨するための神殿として、その姿を現した。信長は神であるから、神殿に住し、神殿内は、神である信長の権威を高めるために荘厳《しょうごん》された。

しかし、信長以降、天守に住する武将は現れなかった。なぜなら、彼らは死して後、神として祀られることはあっても、生きながら神になることはなかったからである。天主台の石垣は磐座《いわくら》であり、天主は神殿である。神殿に棲《す》まうことができるのは「神」だけである。よって、信長以降の武家は天守に棲まうことは許されなかった。

しかし、信長という武家が、様態はともあれ、日本を統治した、あるいは統治する道筋を付けたことは、信長を継承し、武家政権を打ち立てた者たちにとって、武を以て日本に君臨することを正当化するに十分なインパクトを以て受け入れられた。そして、その象徴が天主である。信長の後継者である秀吉も家康も、内実はともあれ、表向きは信長の存在を排除することは許されず、むしろ信長の付けた道筋を歩むしかなかった。

さらに、後継者たちの時代、城郭は戦闘装置としての性格に加え、領国統治の中枢施設としての機能を強めてゆく。この過程で、天守は、武家が領国を統治することの正当性を象徴する構造物として継承される。天守という存在は必要とされるが、その内部空間を利用する者、内部空間に祀られる者はもはや存在しない。よって、近世城郭の天守は内部装飾を排した倉庫的建物となる。実際、「武」を象徴するように、有事に備えた武器・武具の倉庫として使われたことも多い。

江戸時代を通して多くの天守が不慮の事故で失われた。しかし、江戸城に代表されるように天守台の石垣は破壊されることなく残されることが多い。信長神の宿る磐座の残映のように。

そして、安土城の天主台も残され、今なお、信長の想いを語り続けている。

エピローグ

もし、信長が天皇に勝ったら

信長は、最澄《さいちょう》が紡《つむ》ぎ上げた琵琶湖に立脚した、水と太陽を司る、「「薬師瑠璃光如来《やくしるりこうにょらい》」的」な自然の神威を持つ神となった。この信長の姿を当時の人たちはどう見つめただろうか。

信長の跡を継ぎ、安定的な武家政権を樹立した徳川家康《とくがわいえやす》を見てみよう。彼は晩年、三河鳳来山《ほうらいさん》の薬師如来の分身と称する。そして死して後、神として祀られることを望み、その意志は、比叡山の神を中心に据える山王一実神道《さんのういちじつしんとう》の元、東照大権現《とうしょうだいごんげん》という神となる。「東照」とは朝日であり薬師である。そして当然のことながら、東照大権現の本地は薬師である。そして徳川幕府は江戸の護りに、東の比叡山である「東叡山寛永寺《とうえいざんかんえいじ》」を建立し、最澄自刻の、草津石津寺《せきしんじ》の薬師如来を本尊に迎える。さらに不忍池《しのばずのいけ》という名の琵琶湖を掘り、竹生島弁才天《ちくぶしまべんざいてん》を勧請する。信長の行動をそのままトレースしたのが家康だった。そして、琵琶湖と比叡山の神威により、江戸は空前の繁栄を見せる。

安土城天主のイメージ

信長が天皇に勝ち、そして、本能寺の変で倒れなかったら、安土城はどうなったのか。信長は神となり、世俗の権威は信忠に譲った。信忠は、秀吉がしたように、世俗の力が集まる大坂に遷《うつ》っただろう。

しかし、信長は、神威の源である琵琶湖から、そして、その畔の安土城という神殿から動くことはできなかった。

近江の信長年表

和暦	西暦	月日	行動	ルート	章
永禄2年	1559	2月2日（言継卿記）	信長初上洛。美濃の刺客に合う。行き志那が表れる	不明・志那を通っている？	1
		2月7日（言継卿記）	数日後、守山・相谷・八風峠経由で急ぎ帰国	守山・八風峠	1
永禄11年	1568	8月7日	上洛に備え、六角承禎説得のため、佐和山へ	中山道	1
		8月13日	7日間滞在するが、説得できず、岐阜へ帰城	中山道	1
		9月8日	上洛戦敢行のため、岐阜を出陣し、高宮に着陣	中山道	1
		9月11日	愛知川近辺に野陣	中山道	1
		9月12日	箕作山城を攻め、これを落とし、箕作山城に着陣	中山道	1
		9月13日	観音寺城を攻め、占拠	中山道	1
		9月24日	義昭を桑實寺に迎えた後、守山に侵攻	中山道	1

和暦	西暦	月日	行動	ルート	章
永禄11年	1568	9月25日	志那・勢田の船を用いて、琵琶湖を渡ろうとするが、船の都合が付かず、泊	東海道・志那より大津へ船	1
		9月26日	琵琶湖を渡り、三井寺極楽院に着陣	大津市内	1
		9月28日	京都東福寺に陣を移す	（推定）逢坂越	1
			大阪方面の掃討戦		1
		10月22日	参内		1
		10月26日	京を出て守山着	（推定）逢坂越 東海道・中山道	1
		10月27日	柏原上菩提院泊	中山道	1
		10月28日	岐阜城着	中山道	1
永禄12年	1569	1月4日	京で、義昭が三好三人衆に攻められる		1
		1月6日	知らせを受け、大雪をついて即日岐阜城より出陣	中山道	1
		1月8日	京着陣	中山道・東海道	1
		5月11日	岐阜城に帰陣	東海道・中山道	1
		10月6日	伊勢神宮を参拝		10

和暦	西暦	月日	行動	ルート	章
永禄12年	1569	10月8日	伊勢から千草峠経由で上洛の途へ	千草越（推定）東海道	10
		10月9日	千種着	千草越（推定）東海道	10
		10月10日	市原着	千草越（推定）東海道	10
		10月11日	上洛	千草越（推定）東海道	10
		10月17日	岐阜城へ帰城	中山道	10
永禄13年	1570	2月25日	上洛のため、岐阜城を出る	中山道	2
		2月26日	常楽寺泊	中山道	9
		3月3日	常楽寺で、近江中の力士を呼んで相撲	中山道	9
		3月5日	上洛	中山道・東海道	2
		4月20日	越前に向かって侵攻開始。坂本経由和邇泊	北国海道・高島から保坂・熊川	2
		4月21日	高島「田中の城」泊	北国海道・高島から保坂・熊川	2
		4月22日	熊川の宿	北国海道・高島から保坂・熊川	2
元亀元年	1570	4月25日	敦賀手筒山を攻める		2

和暦	西暦	月日	行動	ルート	章
元亀元年	1570	4月26日	金ヶ崎城を攻める。疋田城開城。浅井長政謀反		2
		4月30日	朽木越で退却	保坂・朽木途中	2
		5月9日	岐阜城に向かって京を出る	東海道・中山道	2
		5月12日	永原着	東海道・中山道	2
		5月19日	八日市付近を通過するが、長政、鯰江城に進出。千草越で、近江を脱出しようとするが、杉谷善住坊に狙撃される	八風街道 千草越	2
		5月21日	岐阜城に帰城	伊勢	2
		6月4日	乙窪合戦で、柴田勝家等、六角承禎を破る		3
		6月19日	堀・樋口の寝返りを機に、湖北侵攻	中山道 北国脇往還	3
		6月21日	小谷城下に攻め込み、虎御前山に陣	北国脇往還	3
		6月22日	小谷から退却。弥高に陣	北国脇往還	3
		6月24日	龍ヶ鼻に陣	北国脇往還	3
		6月27日	浅井・朝倉連合軍、小谷城を出る	北国脇往還	3

和暦	西暦	月日	行動	ルート	章
元亀元年	1570	6月28日	浅井・朝倉連合軍、三田・野村に進出。姉川の合戦	北国脇往還	3
		7月1日	佐和山城を攻める	不明	3
		7月6日	上洛	中山道・東海道	3
		7月8日	京から、岐阜に帰城	東海道・中山道	3
		8月20日	南方(大阪に向け出陣)横山城に着陣	中山道 北国脇往還	4
		8月21日	横山城に逗留		4
		8月22日	長光寺泊	間道・中山道	4
		8月23日	京都本能寺に着陣	中山道・東海道	4
			大阪で三好三人衆と戦う		4
		9月16日	浅井・朝倉連合軍、大津坂本に侵攻、森可也と戦う		4
		9月19日	再び合戦、森可也討ち死に		4
		9月20日	浅井・朝倉連合軍、大津に放火		4
		9月21日	山科・醍醐に放火		4
		9月23日	信長、野田・福島の陣を払い、大津に向かう		4

和暦	西暦	月日	行動	ルート	章
元亀元年	1570	9月24日	本能寺を出て、逢坂を越えて大津に入る。延暦寺を説得するが拒否される。下坂本に陣	逢坂越	4
		9月25日	比叡山を包囲		4
		10月20日	朝倉義影を徴発		4
		日不明	木下藤吉郎が援軍に来るのを「志賀の城」より遠望	(志賀の城とは?)	4
		11月16日	勢田川に船橋を架けさせる	瀬田川	4
		11月22日	六角承禎と和睦		4
		11月25日	堅田の猪飼野甚介等、信長の味方に。堅田に軍勢を差し向ける。これに対応した連合軍と合戦。信長軍敗北。	信長が動いたかは不明。堅田・船?	4
		11月29日	義昭、両軍に和睦を勧告		4
		12月13日	和睦を受け入れる		4
		12月14日	琵琶湖を渡り、勢田城まで撤退	発地点不明。船で瀬田城	4
		12月16日	佐和山の麓まで撤退し泊	東海道・中山道	4
		12月17日	岐阜城へ帰城	中山道	4

和暦	西暦	月日	行動	ルート	章
元亀2年	1571	2月24日	佐和山城の磯野員昌、城を明け渡す		5
		5月6日	箕浦合戦。木下藤吉郎勝利		5
		5月	信長は、長島一向一揆と戦う		5
		8月18日	湖北に向けて出陣。横山城に陣	中山道・北国脇往還	5
		8月26日	小谷と山本山の間、中島に陣。湖北一帯に放火		5
		8月27日	横山城に帰る	北国脇往還	5
		8月28日	佐和山城に入る。先陣は志村城を攻める	間道・中山道	5
		9月1日	志村城攻めを監督	中山道	5
		9月3日	常楽寺に入り、滞留。金ヶ森を攻めさせる	中山道	5
		9月11日	瀬田城に入る	東海道	5
		9月12日	比叡山焼き討ち	東海道・大津市内・比叡山	5
		9月20日	岐阜城に帰城	東海道・大津市内・中山道	5
元亀3年	1572	3月5日	近江に向けて岐阜城を出陣	中山道・北国脇往還	7
		3月4日	横山城に陣	北国脇往還	7

和暦	西暦	月日	行動	ルート	章
元亀3年	1572	3月7日	小谷城と山本山城の間に陣。湖北一帯を放火	湖北・高月・木之本面へ移動	7
		3月9日	横山城に帰城	北国脇往還	7
		3月10日	常楽寺に泊	中山道	6
		3月11日	志賀郡に出陣。和邇に陣。木戸・田中の城を攻める砦を築かせる。	琵琶湖 北国海道	6
		3月12日	上洛	北国海道・逢坂越？ 山中越？	6
		3月	京に館を構える		6
		5月19日	岐阜城へ帰城	東海道 中山道	6
		7月19日	信忠の具足初めのため、湖北に向けて出陣	中山道 北国脇往還	7
		7月20日	横山城に着陣	北国脇往還	7
		7月21日	小谷城を攻めるため、雲雀山・虎御前山に兵をあげ、城下を攻める	北国脇往還	7
		7月22日	山本山城を攻め、一帯を放火	湖北一帯面的移動	7
		7月23日	越前境、余呉、木之本、木之本地蔵を放火	木之本・余呉方面へ面的移動	7
		7月24日	草野・大吉寺を攻める	北国脇往還・草野川	7

和暦	西暦	月日	行動	ルート	章
元亀3年	1572	7月24日	同日、湖上から海津・湖北一帯・竹生島を攻撃	(家臣)海上	7・8
		7月27日	虎御前山砦の整備に着手	虎御前山?	7
		8月	虎御前山城竣工	虎御前山?	7
		9月16日	横山城に信忠と共に帰陣	北国脇往還	7
				岐阜城への帰城記事なし	7
		12月22日	三方ヶ原の戦いで武田信玄に敗れる		6
元亀4年	1573	この頃から	義昭と不仲		6
		2月24日	柴田勝家、瀬田川を渡り、石山を攻める	(勝家)	6
		2月26日	石山の城を攻め落とす		6
		2月29日	明智光秀、堅田を攻め、これを制圧		6
		3月25日	上洛のため、岐阜を出る	中山道 東海道	6
		3月29日	逢坂で、荒木村重・細川藤孝の出迎えを受ける	東海道	6
		4月3日 4月4日	義昭を牽制するため、洛外・上京を放火		6

和暦	西暦	月日	行動	ルート	章
元亀4年	1573	4月6日	義昭と和議		6
		4月7日	京から帰陣。この日は守山に陣	東海道 中山道	6
		4月8日?	百済寺に進軍、2~3日泊	八風街道? 鈴鹿前街道?	6
		4月11日	百済寺焼き討ち。この日に岐阜に帰城	鈴鹿前街道? 中山道	6
		5月22日	佐和山に移動。大船の建造を命じる	中山道	8
		7月3日	大船竣工		8
		7月5日	義昭、再び蜂起		8
		7月6日	大船に乗り、佐和山から坂本に航海。坂本泊	琵琶湖	6・8
		7月7日	坂本から上洛	山中越? 逢坂越?	6
		7月26日	京から坂本へ移動。同日、大船で高島攻め	山中越? 逢坂越? 琵琶湖	6・8
		8月4日	岐阜に帰陣	琵琶湖? 佐和山から中山道?	6
天正元年	1573	8月8日	阿閉貞征の寝返りを受けて、同日岐阜を出陣。近江侵攻	中山道 北国脇往還	7
		8月10日	山田山を占拠		7

和暦	西暦	月日	行動	ルート	章
天正元年	1573	8月12日	雨をついて自ら小谷城の大嶽を攻める		7
		8月13日	朝倉義影の陣を自ら襲う。追撃戦開始	北国脇往還 玄蕃尾城越え	7
		8月14日	敦賀に陣、16日まで滞在		7
		8月17日	木ノ芽峠を越えて、越前に攻め込む		7
		この間	越前掃討戦・戦後処理		7
		8月26日	虎御前山城まで戻る	北国街道	7
		8月27日	秀吉が京極丸を攻めて久政を討つ		7
		8月28日	京極丸に移動。長政自害		7
		9月4日	佐和山城に移動、六角承禎が蜂起した鯰江城を攻めさせる。	間道 中山道	7
		9月6日	岐阜城に帰陣	中山道	7
		9月10日	高島で捕えた杉谷善住坊を岐阜で処刑		6
		9月24日	伊勢侵攻		
		11月4日	上洛	中山道・東海道	

和暦	西暦	月日	行動	ルート	章
天正元年	1573	12月2日	岐阜に帰城	中山道・東海道	
天正2年	1574	3月12日	上洛、佐和山に数日泊	中山道	6
		3月16日	永原に泊	中山道	6
		3月17日	志那から坂本に船で移動。京へ	東海道・船 大津 東海道	8
		3月28日	正倉院の蘭奢待を切る		9
		4月13日	六角承禎、石部から撤退		6
		5月5日	賀茂の比べ馬		9
		5月28日	岐阜城へ帰城	東海道・中山道	
		6月	高天神城の救援に失敗		
		7月	河内長島を攻める		
天正3年	1575	2月27日	上洛のため岐阜を出る。雨で垂井で足止め	中山道	
		2月29日	佐和山城泊	中山道	
		3月3日	永原泊	中山道	
		3月4日	京に入る	中山道・東海道	
		4月	大阪攻め		
		4月27日	坂本城から船で佐和山に戻ろうとするが、風に阻まれ常楽寺に上陸、陸路佐和山へ	船 中山道	8

和暦	西暦	月日	行動	ルート	章
天正3年	1575	4月28日	岐阜城へ帰城	中山道	
		5月21日	長篠合戦で武田勝頼と戦う		
		6月26日	にわかに上洛。佐和山で休息、船で坂本に	中山道 船	8
		6月27日	京に入る	山中越？ 逢坂越？	
		7月15日	帰城のため京を出る	東海道 中山道	
		7月15日	常楽寺に泊	中山道	
		7月17日	岐阜城に帰城	中山道	
		この頃	勢田橋を架ける		9
		8月12日	越前に向かって出陣	中山道 北国脇往還	
		8月13日	小谷城の秀吉の元に泊	北国脇往還	
		8月14日	敦賀に泊	不明	
		9月23日	岐阜に向かって帰陣。北庄から府中	北国街道	
		9月24日	椿井坂泊	北国街道	
		9月25日	垂井	北国脇往還	
		9月26日	岐阜城に帰城	中山道	
		10月10日	上洛	中山道	
		10月11日	佐和山泊	中山道	
		10月12日	永原泊	中山道	
		10月13日	勢田橋を視察。勢田、逢坂、山科を経て京へ	中山道・東海道 勢田橋	9
		11月4日	大納言昇進、お弓衆100人をつれて御所に		9
		11月14日	京都発、急ぎ岐阜へ	東海道・中山道	
		11月15日	岐阜城に帰城	中山道	9
		11月28日	家督と岐阜城を信忠に譲る		9
		11月28日	茶道具だけを持って、佐和山城に移る	中山道	9
天正4年	1576	1月中旬	安土城の築城を命じる		11
		2月23日	安土に御座を移す	中山道	11
		4月1日	石垣工事が始まる		11
		4月29日	上洛	中山道・東海道	11
		4月	石山本願寺との戦闘		
		6月7日	安土に帰陣	東海道・中山道	
		7月1日	安土城築城工事を急がせる		11

和暦	西暦	月日	行動	ルート	章
天正4年	1576	7月15日	木津川河口戦（第一次）で敗北		
		この頃	大船を解体		11
		11月4日	上洛、勢田橋を通る	中山道 東海道	9
		11月21日	内大臣に昇進		9
		11月21日	同日、石山寺世尊院に入る	東海道 瀬田川沿い	10
		11月23日	石山で鷹狩り		10
		11月24日	石山で鷹狩り		10
		11月25日	安土に帰城	東海道・中山道	10
		12月10日	吉良で鷹狩りをするため安土を出て、佐和山に泊	下街道 中山道	10
			この年は、岐阜で年越し		
天正5年	1577	1月2日	鷹狩りより、安土に帰城	中山道 下街道	10
		1月14日	上洛	下街道・中山道 東海道	
		1月25日	安土に帰城	東海道・中山道 下街道	
		2月8日	上洛しようとするが、大雨で延期		
		2月9日	上洛	下街道・中山道 東海道	

和暦	西暦	月日	行動	ルート	章
天正5年	1577	2月13日	雑賀攻めのため、京を出陣		
		3月25日	京に帰陣		
		3月27日	安土に帰城	東海道・中山道 下街道	
		閏7月6日	上洛。二条の新邸に入る	下街道・中山道 東海道	
		閏7月13日	京を出、勢田泊	東海道	
		閏7月14日	安土城に帰城	中山道 下街道	
		11月13日	上洛	下街道・中山道 東海道	10
		11月18日	鷹狩り装束で参内、東山で鷹狩り		10
		12月3日	安土城に帰城	東海道・中山道 下街道	10
		12月10日	吉良で鷹狩りをするために安土城を出、佐和山城に泊	下街道	10
		12月11日	吉良で鷹狩りをするために佐和山城を出る	中山道	10
		12月21日	安土城に帰城	中山道・下街道	10
天正6年	1578	1月1日	安土城で年賀を受ける		10

和暦	西暦	月日	行動	ルート	章
天正6年	1578	1月13日	清洲で鷹狩りをするため安土を出る。柏原泊	下街道 中山道	10
		1月14日	岐阜城に入る	中山道	
		1月25日	安土城に帰城	中山道・下街道	
		1月29日	お弓衆の家から出火事件		
		2月29日	安土山で近江中の力士を集めて相撲		10
		3月6日	奥の島山で3日間鷹狩り、長命寺若林坊泊	琵琶湖	10
		3月7日	奥島山で鷹狩り	琵琶湖	10
		3月8日	奥島山で鷹狩り	琵琶湖	10
		3月23日	上洛	下街道・中山道 東海道	
		4月22日	安土城に帰城	東海道・中山道 下街道	
		4月27日	上洛	下街道・中山道 東海道	
		5月13日	洪水		
		5月27日	洪水の様子を見聞するため、安土城に帰城。松本から矢橋まで船で渡る	東海道・琵琶湖 中山道・下街道	8

和暦	西暦	月日	行動	ルート	章
天正6年	1578	6月10日	上洛。矢橋から松本に船で渡る	下街道・中山道 琵琶湖・東海道	8
		6月14日	祇園会を見物。その後鷹狩り		10
		6月21日	安土城に帰城	東海道・中山道 下街道	
		6月	播磨攻め		
		6月26日	海の大船完成		
		8月15日	京・近江の力士1500人を安土山に招聘して相撲		10
		9月9日	安土山で相撲		10
		9月23日	上洛のために安土を出る。勢田泊	下街道・中山道 東海道	
		9月24日	上洛	東海道	
		9月27日	大阪の大船の視察に向かう		
		10月5日	京で相撲		10
		10月6日	坂本から船で安土城に帰城	山中越？ 琵琶湖	8
		10月14日	長光寺山で鷹狩り		10
		10月21日	荒木村重謀反		
		11月3日	安土城から出陣、京へ	下街道・中山道 東海道	
		11月6日	木津川河口戦（第二次）で勝利		

和暦	西暦	月日	行動	ルート	章
天正6年	1578	12月25日	安土城に帰城	東海道・中山道下街道	
天正7年	1579	1月8日	馬淵切石350個余りを取り寄せる		11
		2月18日	上洛	下街道・中山道東海道	
		2月21日	東山で鷹狩り		10
		3月2日	賀茂山で鷹狩り		10
		3月6日	鷹狩り		10
		3月14日	多田の谷で鷹狩り		10
		3月30日	鷹狩り。箕面の滝見物		10
		4月8日	鷹狩り		10
		5月3日	安土に帰城。坂本から船で安土	山中越琵琶湖	8
		5月11日	吉日であるから、信長は天主に移る		11
		5月	中旬、安土宗論		
		8月6日	安土山で相撲		10
		9月11日	上洛。勢田・逢坂を経由	下街道・中山道東海道	
		9月	伊丹方面に出陣		
		10月8日	戌の刻京を出て安土へ	東海道・中山道下街道	
		10月9日	日の出に安土城に帰城	東海道・中山道下街道	

和暦	西暦	月日	行動	ルート	章
天正7年	1579	11月3日	上洛のため安土を出る勢田橋の茶屋に泊	下街道・中山道東海道	
		11月4日	京都着	東海道	
		11月6日	北野で鷹狩り		10
		11月27日	北野で鷹狩り		10
		12月16日	石清水八幡造営の起工		10
		12月19日	安土城に帰城	東海道・中山道下街道	
天正8年	1580	2月21日	上洛	下街道・中山道東海道	
		2月24日	一乗寺・修学寺・松ヶ前山で鷹狩り		10
		2月29日	山崎西山で鷹狩り		10
		3月1日	郡山で鷹狩り		10
		3月7日	鷹狩り		10
		3月10日	安土城に帰城。途中、大津松ヶ崎で鷹狩り。晩に船で矢橋に移動	東海道・琵琶湖東海道・中山道下街道	10
		3月15日	奥の島山で鷹狩りをするため船で城を出る。長命寺善林坊泊	琵琶湖	10
		3月16日	鷹狩り		10
		3月17日	鷹狩り		10

和暦	西暦	月日	行動	ルート	章
天正8年	1580	3月18日	鷹狩り		10
		3月19日	鷹狩りから安土城に帰城		10
		3月20日	石馬寺無辺事件		10
		3月25日	奥の島で鷹狩り。山中に野営		10
		3月26日	鷹狩り		10
		3月27日	鷹狩り		10
		3月28日	鷹狩りから安土城に帰城	内湖	10
		閏3月16日	安土城の南を埋め立て、新たな水路を設け、造成地の一部を伴天連に与える		11
		この頃	日々鷹狩り		10
		4月11日	長光寺山で鷹狩り。百々橋を通る		10
		4月24日	伊庭山で鷹狩り。普請の大石が落ちて信長に当たりそうになる		10
		5月5日	安土山で相撲。一門衆見物		10
		5月7日	城下町の骨格整備終了		11

和暦	西暦	月日	行動	ルート	章
天正8年	1580	5月17日	近江中の力士を集めて、安土山で相撲		10
		6月13日	相撲		10
		6月24日	近江中の力士を集めて安土山で一晩中相撲		10
		8月2日	石山本願寺撤退	この間の上洛日記載なし	
		8月12日	京を出て宇治橋を視察。大阪へ		
		8月17日	大阪から京へ移動	この間の帰城記事なし	
		11月17日	柴田勝家、越前でとった頸を安土に。信長喜ぶ		
天正9年	1581	1月1日	新年を安土城で迎える		11
		1月2日	鷹狩りの獲物を城下に分け与える		10
		1月8日	左義長を盛大に行う		10
		2月20日	上洛	下街道・中山道 東海道	
		2月28日	京都で馬揃え。信長の姿を「住吉明神の影向」と表現		10
		3月10日	安土城に帰城	東海道・中山道 下街道	

和暦	西暦	月日	行動	ルート	章
天正9年	1581	4月10日	竹生島参詣	琵琶湖	10
天正9年	1581	4月20日	槇尾寺を焼く		
天正9年	1581	4月21日	安土山で相撲		10
天正9年	1581	7月11日	柴田勝家、越前から切石と鷹を進上		11
天正9年	1581	7月15日	天主・摠見寺をライトアップ		11
天正9年	1581	8月1日	安土で馬揃え		10
天正9年	1581	10月7日	愛知川で鷹狩り。桑實寺に寄り（繖山に登る?）、城下を通り、城下工事を視察。伴天連寺に寄って帰城		10
天正9年	1581	10月9日	伊賀の国見に出る。信忠同行。飯道山に登り、国見。泊	甲賀越?	10
天正9年	1581	10月10日	一宮（伊賀市）の国見山に登り、国見		10
天正9年	1581	10月13日	伊賀より安土城に帰城	甲賀越?	10
天正9年	1581	10月17日	長光寺山で鷹狩り		10
天正10年	1582	1月1日	新年を安土で迎える。本丸を公開する		11

和暦	西暦	月日	行動	ルート	章
天正10年	1582	1月15日	左義長を盛大に行う		10
天正10年	1582	1月25日	伊勢神宮の上遷を主導。3000貫寄進。更に寄進を表明		10
天正10年	1582	2月9日	信濃・甲斐掃討を宣言		10
天正10年	1582	2月12日	信忠出陣		10
天正10年	1582	3月5日	信長出陣	下街道・中山道	10
天正10年	1582	3月11日	勝頼自害		10
天正10年	1582	3月26日	信忠に天下の儀を御与奪		10
天正10年	1582	3月28日	諏訪から帰陣		10
天正10年	1582	4月12日	かみのが原・井出野・富士を見て狂う。大宮泊		10
天正10年	1582	4月21日	安土城に帰城	中山道・下街道	11
天正10年	1582	5月15日	3日にわたり、徳川家康、穴山梅雪を接待		11
天正10年	1582	5月26日	中国攻め		
天正10年	1582	5月29日	上洛	下街道・中山道 東海道	
天正10年	1582	6月2日	本能寺の変		11

主な参考文献

桑田忠親校注『新訂信長公記』（新人物往来社　1997）
中川太古訳・著『現代語訳信長公記〈新訂板〉上・下』（新人物往来社　2006）
松田毅一・川崎桃太訳『完訳フロイス日本史3　織田信長篇Ⅲ』（中央公論新社　2000）
秋田裕毅『神になった織田信長』（小学館　1992）
滋賀県立安土城考古博物館平成26年度春期特別展図録『安土城への道―聖地から城郭へ―』（滋賀県立安土城考古博物館　2014）
滋賀県安土城郭調査研究所編『発掘調査15年の軌跡　図説安土城を掘る』（サンライズ出版　2004）
大沼芳幸「文化遺産としての琵琶湖」（『滋賀県文化財保護協会紀要』24号　2011）
大沼芳幸「安土城に見る統治景観―聖地と城郭―」（『滋賀県立安土城考古博物館紀要』20号　2012）
大沼芳幸「安土城―信長神の坐す神殿―権威を視覚化する戦略」（『滋賀県立安土城考古博物館紀要』21号　2013）

協力者

長興寺・豊田市郷土資料館・高島市教育委員会・近江八幡市文化観光課・滋賀県立安土城考古博物館・宝厳寺・寂光寺・石部神社・湖見溝・山本晃子・神保忠宏・山下立・畑佐実・小竹志織・大沼直子

写真撮影

キャプションに注記のない画像は全て著者が撮影

■著者略歴

大沼芳幸（おおぬま・よしゆき）
「近江ヒストリカルマイスター」（ヒストリー＆カルチャーからの造語）。滋賀県文化財保護協会普及専門員。1954年、山形県生まれ。1982年、佛教大学博士後期課程中退。滋賀県教育委員会文化財専門職員、滋賀県立安土城考古博物館副館長を経て2015年から現職。専門分野として、琵琶湖を廻る文化史を、考古・歴史・美術・民俗・漁業・環境等、幅広い視点から研究し、成果の普及活動を行っている。特に、精神文化史の視点から、独特の城郭論を展開するほか、白洲正子の著作を通して、琵琶湖の文化の魅力発信にも力を入れている。
最近の著作に、「琵琶湖沿岸における水田開発と漁業―人為環境がもたらした豊かな共生世界―」（『環境の日本史２』吉川弘文館、2013）、「古代近江における職能漁民の動向―松原内湖遺跡出土の刺網系漁網錘の分析から―」（「滋賀県文化財保護協会紀要」2012）、「織田信長の統治戦略と武田氏」（「安土城考古博物館秋期特別展図録」2012）、「安土城に見る統治景観―聖地と城郭―」（「安土城考古博物館紀要」2012）、「軍神から統治の神へ―信長・安土城に見る神的世界―（「安土城考古博物館秋期特別展図録」2011）、日本遺跡学会「水と琵琶湖への祈りの諸相」（2011）、「文化遺産としての琵琶湖―「水」を介した人類と自然の永続的共生を示す資産群―」（「滋賀県文化財保護協会紀要」2010）、「フナズシに関する琵琶湖文化史的考察―『湖中他界』序説として―」（「滋賀県文化財保護協会紀要」2009 ）など。
主な発掘調査に、特別史跡安土城跡（近江八幡市）、史跡近江国庁跡、唐橋遺跡（ともに大津市）、針江浜遺跡（高島市）等がある。

近江《おうみ》 旅の本
信長《のぶなが》が見た近江 『信長公記《しんちょうこうき》』を歩く

2015年11月20日　初　版　第1刷発行

著　者　大沼芳幸

発行者　岩根順子

発行所　サンライズ出版
〒522-0004 滋賀県彦根市鳥居本町655-1
TEL 0749-22-0627　FAX 0749-23-7720

印刷・製本　シナノパブリッシングプレス

ISBN978-4-88325-582-5 Printed in Japan